Uhlig
Finanzprognosen mit Neuronalen Netzen

Finanzprognosen mit Neuronalen Netzen

Eine Einführung mit Anleitung

von

Dr. Hans Uhlig

Verlag Franz Vahlen München

Die Deutsche Bibliothek – CIP-Einheitsaufnahme

Uhlig, Hans:
Finanzprognosen mit neuronalen Netzen : eine
Einführung mit Anleitung / von Hans Uhlig. –
München : Vahlen, 1995
ISBN 3-8006-1958-X

ISBN 3 8006 1958 X

Satz und Druck: Appl, Wemding
Bindung: Buch- und Offsetdruckerei Wagner GmbH, Nördlingen

Vorwort

Dieses Buch wird Sie in die faszinierende Welt der sogenannten „Künstlichen Intelligenz" führen[1]*. Der Begriff umfaßt eine ganze Palette lernfähiger Computerprogramme; doch die Neuronalen Netze sind die bekanntesten und vielseitigsten Vertreter dieser Gattung. Vielleicht sind Sie, ohne es zu bemerken, Neuronalen Netzen bereits begegnet, z. B. in den OCR-Programmen (Optical Character Recognition). Diese Programme sind befähigt, Schriftgrafik in ASCII-Zeichen zu übersetzen, die dann als Texte weiterverarbeitet werden können.

Mustererkennung, darum handelt es sich im angesprochenen Beispiel, ist die große Stärke der Neuronalen Netze. Kursverläufe von Aktien und Devisen sind, wie Schriftzeichen, eindimensionale Muster und darum für die Netze kein Problem. Doch Neuronale Netze können noch mehr. Sie sind in der Lage, mehrdimensionale Muster zu verarbeiten, beispielsweise die wechselseitigen Beziehungen zwischen Aktienkursen, Zinsen, Goldpreis und Rohstoffpreisen zu erfassen. Sogar nichtlineare Abhängigkeiten werden sie entdecken. Neuronale Netze können daher auch Probleme lösen, bei denen andere regelbasierte Systeme längst passen müssen.

Wenn Sie Neuronale Netze anwenden möchten, dann sollten Sie sich ein Entwicklungsprogramm für Neuronale Netze beschaffen. Kommerzielle Programme sind für US-$ 200,– und aufwärts zu bekommen. Man kann sich auch mit anderen Programmen behelfen, die beinahe kostenlos zu haben sind, mehr dazu weiter unten. Zusätzlich benötigen Sie ein Kalkulationsprogramm, wie beispielsweise Lotus 1–2–3™ oder MS-Works™, auch ein Sharewareprogramm wie As-Easy-As™ genügt für diesen Zweck und last not least Daten, mit denen Sie das Neuronale Netz trainieren können.

Neuronale Netze sind sehr anpassungsfähige Werkzeuge, mit denen ein geübter Anwender beinahe jedes Problem lösen kann. Aber diese Vielseitigkeit hat nicht nur Vorteile. Ohne Hilfe, alleingelassen mit der Qual der Wahl, wird ein Anfänger wahrscheinlich vieles falsch anpacken. Dieses Buch soll Ihnen helfen, Fehler und Irrwege

---

* Die hochgestellten Ziffern verweisen auf Literatur (siehe Seite 127 ff.).

zu vermeiden und Ihnen somit Enttäuschungen zu ersparen. Dennoch wird Ihnen nicht gleich alles auf Anhieb gelingen. Lassen Sie sich dadurch nicht entmutigen, sondern probieren Sie weiter; denn in den meisten Fällen wird es sich lohnen.

Dieses Buch wendet sich in erster Linie an den privaten Investor, der Neuronale Netze als Hilfsmittel für seine Anlageentscheidungen nutzen, sich aber nicht mehr als nötig mit Theorie belasten möchte. Darum kann nur knapp erklärt werden, was Neuronale Netze sind und wie sie arbeiten. Der Leser soll hier vor allem praktische Anwendungsratschläge finden; eine umfassende Einführung in das weite Gebiet der Neuroinformatik würde den Rahmen dieses Buches sprengen. Alle hier verwendeten Begriffe sind im Text oder im Glossar am Ende des Buches erklärt. Wer sich gründlicher informieren möchte, der findet auf dem Büchermarkt zum Themenkreis Neuroinformatik eine ganze Reihe von Titeln, von denen einige im Literaturanhang genannt sind [1-15].

Mit Hilfe dieses Buches wird es Ihnen hoffentlich gelingen, für den von Ihnen vorgesehenen Anwendungszweck geeignete Neuronale Netze zu entwerfen. Ob Aktien-, Renten-, oder Währungskurse, Rohstoffpreise oder Börsenindizes, dieses Buch wird Sie anleiten, nützliche Ein- und Ausgabeparameter zu wählen, sinnvolle Trainings- und Testdaten zu bestimmen und aufzubereiten. Sie werden lernen, typische Fehler beim Trainieren eines Netzwerkes zu vermeiden. Sie werden erfahren, wie man ein Netz analysieren kann, um Schwachstellen zu finden und wie man auch ein gutes Neuronales Netz noch verbessern kann. Die Ratschläge sind allgemein formuliert, um das Prinzip klarzumachen, auf das es jeweils ankommt. Dazu ist in vielen Beispielen anschaulich dargestellt, wie im konkreten Fall vorgegangen wird.

Eine Gewinngarantie gibt es nicht. Nicht, weil ich etwa an der Leistungsfähigkeit Neuronaler Netze zweifeln würde, ganz im Gegenteil. Aber auch ein gutes, trainiertes Neuronales Netz ist kein Ersatz für ein Trading-System. Es ist ein wichtiges Hilfsmittel, mit dem Sie Trends schon im Ansatz bemerken können. Aber Sie selbst müssen entscheiden, welches Ihre Signale für den Einstieg oder Ausstieg aus einem Wertpapiergeschäft sein sollen. Vorher müssen Sie sich über einige wichtige Dinge klar werden. Dazu gehören unter anderem: Ihr zeitlicher Erwartungshorizont, Ihre Risikobereitschaft und Ihr verfügbares Kapital.

Hamburg, im Mai 1995   *Hans Uhlig*

Inhaltsverzeichnis

Über die Möglichkeit von Finanzprognosen

Sind Kursentwicklungen an den Finanzmärkten überhaupt vorhersagbar, mit oder ohne Neuronale Netze?

Ich werde Ihnen zeigen, daß es gute Gründe für die Annahme gibt, auch wenn diese These der "efficient market theory"[16, 17], also der Theorie der effizienten Märkte, widerspricht. Da diese, in den sechziger Jahren formulierte, Theorie auch heute noch viele Anhänger besitzt, möchte ich meine Ansicht im Folgenden begründen.

Jeder kennt das anscheinend regellose Auf und Ab der Aktien- und Devisenkurse. Auf den ersten Blick sehen die Schwankungen bei Aktien, Zinspapieren, Gold, Rohstoffen und Devisen über Tage, Wochen und Monate wie zufällig aus; demnach wären sie nicht vorhersagbar. Doch nicht alles, was wie Zufall aussieht, kommt wirklich zufällig zustande. Denken Sie nur an die Zufallszahlengeneratoren für Computer. Sie erzeugen Zahlen, die verschiedene statistische Kriterien erfüllen, welche für Zufallszahlen gelten, doch tatsächlich werden sie nach einer komplizierten Formel berechnet[18]. Das bedeutet, die Abfolge der Zahlen ist genau festgelegt; es sind nur scheinbar zufällig ermittelte Zahlen, darum werden sie auch Pseudo-Zufallszahlen genannt.

Manches offenbart sich eben erst auf den zweiten Blick. Dies gilt auch für die Kursbewegungen an den Finanzmärkten. Neuere genaue Untersuchungen über lange Zeiträume von mehr als fünfzig Jahren haben gezeigt: die aktuellen Kurse ergeben sich nicht zufällig, sondern sie sind abhängig von denen der Vergangenheit[17, 19, 20]. Man könnte auch sagen, die Märkte besitzen ein Gedächtnis.

Sicher ist es noch ein weiter Weg von der Einsicht, daß die Kurse nicht allein vom Zufall abhängen, bis man genau weiß, wie sie entstehen. Doch immerhin besitzt man gewisse Erfolgsaussichten, wenn man sich bemüht, nach Regeln für die Kursentwicklungen zu suchen.

Schon seit Generationen wird versucht, aus den bekannten Daten von Gegenwart und Vergangenheit Rückschlüsse für zukünftige Entwicklungen zu ziehen. Diesem Ziel hofft man mit Hilfe der sogenannten Zeitreihenanalyse näherzukommen. Im Laufe der Jahre hat sich für ökonomische Reihen das sogenannte klassische Komponentenmodell[21] herausgebildet, bei dem folgende vier Einflußkomponenten angenommen werden:

- ein *Trend*, das ist eine langfristig gleichgerichtete Veränderung der Mittelwerte einer Zeitreihe;
- eine *Konjunkturkomponente*, die eine Schwankung der Werte über mehrere Jahre bewirkt;
- eine *Saisonkomponente*, die jahreszeitliche Schwankungen bewirkt;
- eine *Restkomponente*, in der alle nicht erklärbaren Einflüsse und Störungen zusammengefaßt werden.

Die Aufzählung ist nach abnehmender Wellenlänge der Schwankungen geordnet, nicht nach ihrer Bedeutung für die Wertebildung. Doch sollten wir zunächst den möglichen Einfluß einzelner Komponenten außer acht lassen und festhalten, daß drei der vier Komponenten, zumindest prinzipiell, berechenbar sind, wobei nur eine, nämlich der Trend, wenigstens über eine gewisse Zeit geradlinig verläuft; eigentlich ist auch der Trend zyklisch. Die beiden anderen Komponenten, Konjunkturverlauf und saisonale Schwankung, zeigen keine stetige Entwicklung, aber sie bewegen sich meist in einem absehbaren Rahmen auf- und abwärts.

Das typische Herangehen der traditionellen Wissenschaft an ein derart komplexes Problem ist der sogenannte reduktionistische Ansatz. Das zusammengesetzte Problem wird in immer kleinere Teilprobleme zerlegt. Man versucht zunächst, so gut es geht, alle Einzelheiten genau zu verstehen, um dann herauszufinden, wie sie zueinander passen und einander beeinflussen. Obwohl man weiß, daß es nicht immer stimmt, wird angenommen, daß die Wechselwirkungen linear verlaufen, also Ursache und Wirkung einander proportional sind. Im kleinen Maßstab und für kurze Zeitabschnitte lassen sich die Abhängigkeiten oft auch linear approximieren und vor allem bekommt man auf diese Weise besser handhabbare Modellsysteme[22].

Leider offenbaren diese Modelle bei genauerer Betrachtung entscheidende Mängel, denn sie können wesentliche Verhaltensmuster realer Märkte nicht nachbilden[23]. Moderne Konzepte, wie sie beispielsweise von der Komplexitätstheorie[22, 23, 24] entwickelt wurden, ermöglichen wirklichkeitsnahe Marktmodelle[23]. Diese können auch Entwicklungen simulieren, die herkömmliche Modelle vermissen lassen, nämlich die anscheinend unregelmäßigen Schwankungen bei Kursen und Umsätzen, das Auftreten von spekulativen Blasen und Kursstürzen[22, 23, 25].

Die Wertpapier-, Devisen- und Rohstoffmärkte bieten viele Beispiele für diese nichtlineare Dynamik. Doch solche Turbulenzen sind nicht nur an Märkten zu beobachten. Es ist ein weit verbreitetes Phänomen und Gegenstand einer wissenschaftsübergreifenden Forschungsrichtung, der Chaosforschung[26].

Wie und woran ist das chaotische Verhalten von Märkten[25, 26, 27] zu erkennen?

Trägt man die Kursnotierungen für ein Wertpapier oder einen Index über die Zeit grafisch auf, so erhält man einen sogenannten Chart. Betrachtet man diese Chartgrafik für längere Zeiträume, dann wird man gewisse Muster erkennen, die von Zeit zu Zeit wiederkehren. Sie sind nie haargenau deckungsgleich, doch sie sind einander zum Teil sehr ähnlich. Diese Ähnlichkeit der Muster erscheint nicht nur innerhalb der gleichen Zeitreihen. Werfen Sie einmal einen Blick auf Minutencharts oder Stundenscharts und Sie werden ähnliche Muster entdecken wie in Tages-, Wochen-, oder Monatscharts[25, 26]. Diese Selbstähnlichkeit der unregelmäßigen Muster ist Ihnen vielleicht von den Fraktalen, den Bildern des Chaos, bekannt. Selbstähnlichkeit ist ein Merkmal, das die sogenannten deterministisch chaotischen Systeme vom reinen Zufall unterscheidet. Diese Systeme sind nichtperiodisch, d. h. sie kennen keine regelmäßige Wiederholung von Zuständen. Deterministisch bedeutet in diesem Zusammenhang, daß sie nicht jeden beliebigen Zustand annehmen können. Vielmehr können sich diese Systeme nur innerhalb bestimmter stabiler Grenzen bewegen, so als würden sie durch eine unbekannte Kraft immer wieder angezogen. Darum spricht man auch von seltsamen Attraktoren chaotischer Systeme. Somit wird hier unter deterministischem Chaos eine Art von Ordnung ohne Periodizität verstanden.

Kein geringerer als *Benoit Mandelbrot*, Chaospionier und Entdecker der Fraktale, hat drei wesentliche Eigenschaften erkannt, die für die chaotische Natur des Marktes sprechen[26]. Beim Studium der Baumwollpreise für einen Zeitraum von fünfundsechzig Jahren fand er folgendes heraus: Erstens waren die Preise nicht normalverteilt, wie es für zufällige Ereignisse zu erwarten gewesen wäre. Zweitens erschienen die Preisveränderungen unregelmäßig, aber sie ließen Symmetrien erkennen, Muster, die in verschiedenen Maßstäben wiederkehrten. Drittens blieb über den gesamten Zeitraum die Schwankungsbreite der Preise gleich.

Die Chaosforscher haben nun herausgefunden, daß bereits einfache Systeme, die aus nur drei Komponenten bestehen, komplizierte, verrauschte, zufällig anmutende Muster hervorbringen können. Wenn man diese Komponenten einmal erkannt und bestimmt hat, wie sie zusammenwirken, läßt sich das zukünftige Verhalten des Systems tatsächlich vorhersagen, wenngleich mit sich beschleunigender Ungenauigkeit[17]. Die Vorhersage wird immer unschärfer, weil diese chaotischen Systeme ausnahmslos durch rekursive Funktionen beschrieben werden. Kennzeichnend für diese Funktionen ist: das Ergebnis der Berechnung für den ersten Zeitschritt geht als Glied in die Rechenformel für den nächsten Zeitschritt ein und so weiter . . . . So wird ein kleiner Anfangsfehler mit der Zeit sehr groß.

Ob ein chaotisches System, beispielsweise ein Finanzmarkt, prognostizierbar ist oder nicht, hängt davon ab, wie viele Komponenten das System besitzt. Ist es aus fünf oder mehr Komponenten aufgebaut, dann gilt es als praktisch nicht prognostizierbar, dagegen halten Fachleute auf diesem Gebiet eine Prognose von Dreikomponentensystemen für möglich[17]. Wie viele Komponenten zu einem Ergebnis, beispielsweise einem Kurswert, beitragen, können die Forscher aus der grafischen Darstellung der Ergebnisse ersehen[17]. Der Kurvenverlauf gibt Auskunft über die sogenannte fraktale Dimension des Systems[26]. *Edgar Peters*, ein gelernter Mathematiker und mittlerweile Fondsmanager in New York, ist überzeugt, daß nur drei Variablen ausreichen, um den Kursverlauf des amerikanischen *Standard & Poor's 500* Index nachzubilden[17].

Der amerikanische Wertpapierspezialist und Marktanalytiker *Martin Pring*[28] hat die amerikanischen Wertpapier- und Rohstoffmärkte rückblickend über die letzten 150 Jahre betrachtet und dabei festgestellt: Ein vollständiger Marktzyklus auf den verschiedenen Wertpapiermärkten Amerikas dauerte im Durchschnitt und ohne große Abweichungen vier Jahre, wobei die einzelnen Märkte gegeneinander phasenverschoben waren *(Abbildung 1)*. Die Reihenfolge der Marktzyklen war in den letzten 150 Jahren immer die gleiche: Zunächst erreichen die Anleihen ihren Höchststand, gefolgt von den Aktien und den Rohstoffen. Dann kommt der Tiefstand der Anleihen, später der Aktien und schließlich der Rohstoffe. Die Abstände, also die Phasenverschiebung der Zyklen, variierten zum Teil beträchtlich, zwischen wenigen Monaten und mehr als einem Jahr, doch die Reihenfolge blieb über den gesamten Zeitraum unverändert.

Pring teilte diese Beobachtung im November 1991 in einem Interview mit einem amerikanischen Finanzjournal[28] mit. Um Ihnen zu zeigen, daß diese Beobachtungen auch jetzt noch gültig sind, habe

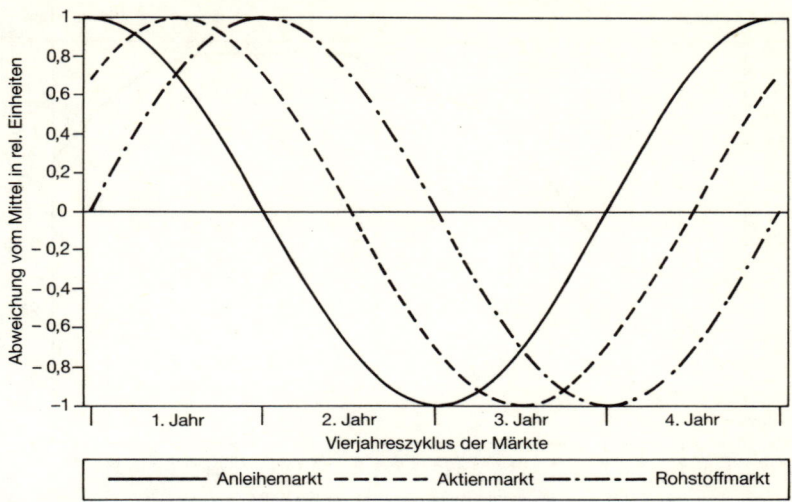

*Abb. 1: Folge der Marktzyklen für Anleihen, Aktien und Rohstoffe
nach Pring[28]*

ich Ihnen die Daten für diesen Zeitraum grafisch dargestellt *(Abbildungen 2a* und *2b).*

Eine solche festgeschriebene Reihenfolge, über einen derartig großen Zeitraum, ist sicher nicht zufällig. Sie legt nahe, daß diese Märkte, auf welche Weise auch immer, miteinander gekoppelt sind und zwar nicht starr, sondern elastisch.

Prings Beobachtung[28] stützt eine Aussage der Komplexitätsforschung über die Entwicklung adaptiver Systeme, zu denen auch Volkswirtschaften und internationale Märkte gehören. Diese anpassungsfähigen Systeme gehorchen anfangs einfachen Regeln, werden aber nach und nach zu immer komplizierteren Beziehungsgefügen[22, 23]. Sie zeigen also eine Entwicklung hin zu chaotischem Verhalten. Zu einfache Regeln werden sehr schnell von den lernfähigen Marktteilnehmern ausgenutzt, so daß sie bald ihre Gültigkeit verlieren. Aber die komplizierteren Regeln, die nicht so bald erkannt und ausgenutzt werden können, haben anscheinend Bestand, denn – auch das haben die Komplexitätsforscher herausgefunden – zu rein zufälligem Verhalten der Systeme führt die Entwicklung nicht.

Das sollte uns Hoffnung geben, denn theoretische Erwägungen zeigen, daß ein Neuronales Netz jede beliebige regelhafte Beziehung zwischen Daten erkennen und erlernen kann – falls eine solche Regel existiert[12]. Neuronale Netze können feinste Zusammenhänge

Über die Möglichkeit von Finanzprognosen

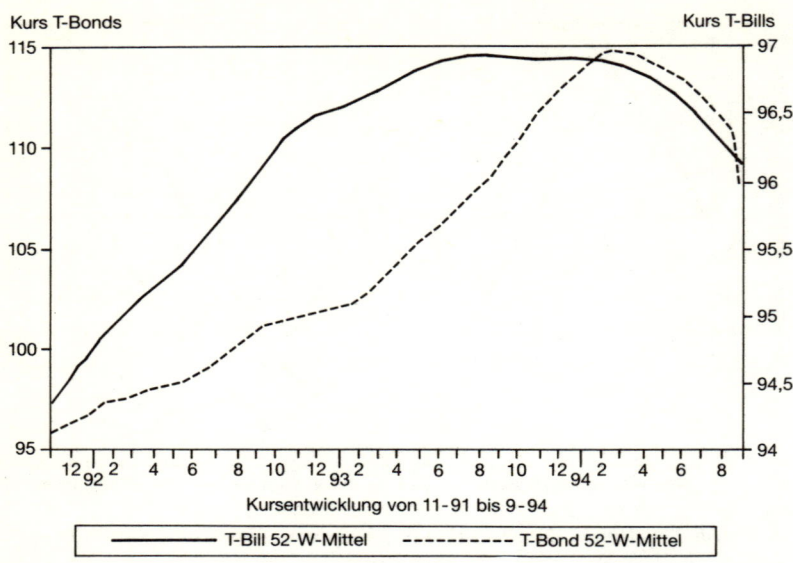

Abb. 2 a: Marktentwicklungen für kurzfristige und langfristige Kredite (Kursverläufe von T-Bonds und T-Bills, Mittelwerte der letzten 52 Wochen)

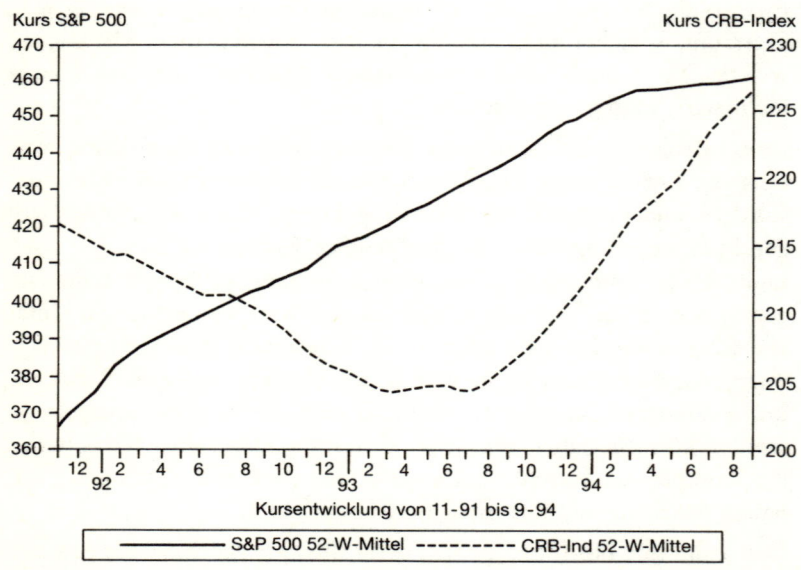

Abb. 2 b: Marktentwicklungen für Aktien und Rohstoffe (Kursverläufe von S&P 500 und CRB-Index, Mittelwerte der letzten 52 Wochen)

zwischen Daten ermitteln. Sie erkennen nicht nur saubere Daten, die eindeutig und ohne Widersprüche dargeboten werden. Auch sogenannte „schmutzige Daten", bei denen die Signale in Rauschen eingebettet sind, können sie verarbeiten, indem sie erratische Bewegungen, also Übertreibungen in die eine oder andere Richtung vernachlässigen und nur die bedeutungsvollen Anteile der Information herausfiltern[9, 12].

Amerikanische Forscher konnten nachweisen, daß Neuronale Netze bei Zeitreihenprognosen und anderen Problemen mit nichtlinearer Dynamik den besten herkömmlichen Methoden zumindest ebenbürtig waren[12]. Zudem besaßen die Neuronalen Netze den Vorteil, daß sie als Basis für ihre Prognosen nur ein Zwanzigstel der Daten benötigten, die andere Verfahren erforderten. Dies ist ein großer Vorteil, denn das Beschaffen von Daten ist oft sehr schwierig, zeitaufwendig oder teuer.

Wenn wir also annehmen dürfen, daß die heutigen und die künftigen Wertpapierkurse von denen in der Vergangenheit mit bestimmt werden und daß Neuronale Netze in der Lage sind, jede Art von Regel zu erlernen, dann erscheint es lohnend, Neuronale Netze für Finanzprognosen zu entwickeln.

Doch man sollte nicht Unmögliches von ihnen verlangen. Neuronale Netze haben nichts Mystisches. Rein zufällige Zeitreihen können auch durch ein Neuronales Netz nicht vorhergesagt werden. Übertragen auf die Finanzmärkte bedeutet dies: Wenn zwischen den Eingabewerten, die man dem Netz anbietet und den gewünschten Ausgabewerten keine regelhafte Beziehung besteht, kann das Netz auch keine sinnvollen Vorhersagen treffen.

Beispiele für Sondersituationen an den Aktienmärkten, die nicht durch wirtschaftliche Rahmendaten, sondern durch unvorhersehbare politische Ereignisse hervorgerufen wurden, sind der tiefe Fall des *Hang Seng* Index in Hong Kong nach dem Massaker auf dem „Platz des Himmlischen Friedens" in Peking 1989, die Osteuphorie in Deutschland nach der Öffnung der Mauer 1989/1990, die Baisse nach dem Einmarsch des Irak in Kuweit 1990 oder die kurze Schwächephase nach dem August-Putsch in Rußland 1991. Diese Einflüsse sind natürlich auch durch Neuronale Netze nicht vorhersehbar. Glücklicherweise sind derartige Ereignisse selten und ihr Einfluß auf die Märkte auch meist nicht nachhaltig, so daß mittelfristig die wirtschaftlichen Rahmendaten wieder bestimmend werden.

Ich hoffe, daß die bisherigen Ausführungen Sie neugierig gemacht haben, mehr über Neuronale Netze zu erfahren. Das nächste Kapitel wird die eine oder andere Frage bereits beantworten. Wer mehr über die Grundlagen für Finanzprognosen und neuere Entwicklungen lesen möchte, dem sei der Übersichtsartikel von *Matt Ridley*[17] empfohlen.

1. Neuronale Netze im Vergleich mit anderen Computerprogrammen

Was ist überhaupt ein „Neuronales Netz", woher stammt diese Bezeichnung und was verbirgt sich dahinter?

Die Idee, Information so zu verarbeiten wie ein Nervensystem oder ein Gehirn, wurde nicht von Informatikern geboren. Neurobiologen, Neurologen und Psychologen waren die Wegbereiter für diesen Ansatz und sie entwickelten die ersten Modelle[3, 7, 9]. Den Pionieren ging es zunächst um das Verstehen von Lernen und Gedächtnis in der Natur. Mit der Zeit wurden diese Modelle auch in den anderen Bereichen der Wissenschaft bekannt und einige Forscher begannen, zielstrebig daran zu arbeiten, die daraus gewonnenen Erkenntnisse in Anwendungen umzusetzen und so für die Datenverarbeitung praktisch nutzbar zu machen. Ein Ergebnis dieser Bemühungen sind die verschiedenen Formen der Neuronalen Netze.

Neuronale Netze sind, vereinfacht gesagt, Computerprogramme, die den Nervensystemen der Tiere und des Menschen nachempfunden sind (neuronal = nervenartig). Diese Programme simulieren, unter Verwendung konventioneller Computertechnologie, die parallele Signalverarbeitung durch einfache Verarbeitungselemente. Wie ihre biologischen Vorbilder werden diese Elemente Neuronen genannt. Durch eine Vielzahl parallel rechnender Einheiten[2, 15] gelingt es, komplexe Muster zu erkennen und zu verarbeiten. Die Muster werden in die für sie charakteristischen Merkmale zerlegt, und diese Merkmale werden gespeichert. Aus mathematischer Sicht sind die Merkmale Vektoren[14]. Vektoren weisen in eine definierte Richtung und besitzen einen bestimmten Betrag. Auf die Neuronen übertragen entspricht die Richtung des Vektors der Verbindung eines Neurons mit einem bestimmten anderen Neuron und der Betrag des Vektors ist das Gewicht dieser Verbindung. Ein Muster kann aus vielen Merkmalen aufgebaut sein. In einem solchen Fall sind die vielen Neuronen, die dieses Muster erkennen, zu einem komplizierten Beziehungsgefüge verknüpft. Die Information ist also als Netz von Verbindungen gespeichert, die den Bauplan für die ursprünglich eingegebene Information bilden, daher der Name Neuronales Netz. In diesem Netz entsprechen die Knoten den Neuronen und die Stricke zwischen den Knoten sind die Verbindungsgewichte.

Der Vernetzungsgrad der Neuronen in einem künstlichen Neuronalen Netz erreicht auch nicht annähernd die Dimensionen des menschlichen Gehirns. Wie weit wir noch davon entfernt sind, das menschliche Gehirn nachbilden zu können, mag folgendes Beispiel zeigen: Die aufwendigsten Neuronalen Netze, die bisher konstruiert wurden, besitzen hunderte von Neuronen, und diese sind durch tausende von Verbindungen untereinander verknüpft. Das entspricht etwa der Komplexität des Gehirns einer Küchenschabe, die zu den Insekten gehört. Zum Vergleich: Das menschliche Gehirn besteht aus etwa 10^{11} (100 Milliarden) Neuronen, von denen jedes 1000 und mehr Verbindungen zu anderen Neuronen besitzt[9].

Die Begriffsverwendung für Neuronale Netze ist in der deutschsprachigen Literatur nicht einheitlich. Einige Autoren sprechen von neuralen Netzen[6], andere von künstlichen Neuronalen Netzen oder künstlicher Intelligenz[1]. In der englischsprachigen Literatur liest man verschiedene Bezeichnungen wie: „Artificial Neural Networks", „Connectionist Networks", „Connectionist Modelling" oder „Parallel Distributed Processing"[11]. Vor allem der letztgenannte Begriff könnte falsche Erwartungen wecken. Darum sei hier eines klargestellt: Die parallele Signalverarbeitung wird in Neuronalen Netzwerkprogrammen und nur diese werde ich hier berücksichtigen, nur simuliert. Darum ist kein Gewinn bei der Rechengeschwindigkeit zu erwarten, wie man sie mit echten Hardwareumsetzungen in Parallelrechnern erreicht[2, 15].

1.1 Fähigkeit zum Lernen und zur Generalisierung

Herkömmliche Computerprogramme arbeiten die Daten, mit denen sie gespeist werden, nach festgelegten Regeln ab und liefern daraufhin das Ergebnis ihrer Rechenoperation. Es leuchtet ein, daß der Programmierer die Regeln kennen muß, bevor er sie im Programm umsetzen kann. Neuronale Netze sind in gewisser Weise unvollendete Programme, die erst lernen müssen, wie sie eine Aufgabe am besten lösen. Bevor sie ein Problem bewältigen können, müssen sie trainiert werden. Darum sind sie den gebräuchlichen Programmen bei solchen Aufgaben überlegen, für deren Lösung keine festen Regeln bekannt, aber eine Vielzahl von Beispielen vorhanden sind. Probleme, die schwierig zu berechnen sind und keine exakte oder perfekte Lösung erfordern, können gut mit Neuronalen Netzen bearbeitet werden. Sie liefern meist keine optimalen Lösungen, aber sehr schnelle und gute. Darum sind sie sehr gut zum Optimieren bei chaotischen Daten geeignet [9]. Sie können auch perfekte Lösungen liefern, aber nur dann, wenn die Daten völlig widerspruchsfrei sind und genügend Beispiele aus dem gesamten Spektrum der Möglichkeiten enthalten.

Das Netz lernt, aus der Vielzahl von Eingabewerten und den dazugehörigen Ausgabedaten allmählich bestimmte Beziehungsgefüge zu erkennen. Es merkt sich nicht die verschiedenen Muster, sondern es versucht, in den Mustern charakteristische Merkmale zu erkennen; denn nicht alle Daten, die dem Netz mitgeteilt werden, enthalten wichtige Informationen. Dieser Prozeß wird auch als Merkmalsextraktion bezeichnet[14]. Das Netz lernt mit der Zeit, die wichtigen Informationen stärker zu beachten und die unwichtigen weitgehend zu ignorieren. Wenn das Netzwerk fertig trainiert ist, also nur noch einen vertretbar kleinen Fehler macht, dann hat es die Regeln gefunden, nach denen es alle Eingabemuster bewerten muß, um sie bestimmten Ausgabemustern zuzuordnen.

Die Aussagen eines trainierten Neuronalen Netzes ähneln dann denen eines erfahrenen Spezialisten, der mit der Zeit ein Gespür dafür bekommen hat, worauf es ankommt. Solche Fachleute gibt es, denn Menschen können gut Muster erkennen und Situationen beurteilen; aber sie neigen zu inkonsistenten Entscheidungen [9], d.h. die gleiche Situation wird an verschiedenen Tagen unterschiedlich beurteilt, je nach Stimmungslage oder sonstigen Einflüssen wie Müdigkeit, Ablenkung usw.

Ein bekanntes Beispiel für den Einsatz Neuronaler Netze stammt aus dem Kreditwesen[14]. Einige Bankhäuser in den U.S.A. sind dazu übergegangen, Kreditanträge von Neuronalen Netzen prüfen zu lassen. Die Entscheidung über die Vergabe von Krediten ist nicht mehr den Mitarbeitern überlassen, sondern trainierten Neuronalen Netzen übertragen worden. Angestellte der Bank lassen sich vielleicht durch elegantes Äußeres und vornehmes Auftreten eines Kunden oder einer Kundin beeinflussen. Das Neuronale Netz läßt sich dadurch nicht beirren, darum haben Kreditbetrüger bei ihnen keinen Erfolg.

Die Neuronalen Netze können nicht nur Situationen bzw. Muster erkennen, mit denen sie trainiert wurden. Sie sind auch in der Lage,

Eingabemuster zu interpretieren, die sie vorher nie gesehen haben und diese entsprechenden Ausgabemustern zuzuordnen. Möglich ist dies, weil die Neuronalen Netze nicht die Muster selbst, sondern deren charakteristische Merkmale erkennen und zuordnen. Sie begreifen, anstatt auswendig zu lernen[10].

1.2 Fehlertoleranz

Die Aussagen Neuronaler Netze sind stabil. Auch wenn sie mit einzelnen fehlerhaften Eingaben oder mit untypischen Daten konfrontiert werden, führt dies nicht zu katastrophalen Fehlern. In solchen Fällen muß man allenfalls mit geringfügig fehlerhaften Aussagen des Netzes rechnen. Diese Fehlertoleranz ist eine Folge der wechselseitigen Verknüpfungen der Eingabedaten im Neuronalen Netz. Die Fehlerunempfindlichkeit ist besonders wünschenswert für sichere Programme. Oft müssen Daten verarbeitet werden, die über weite Entfernungen in Datennetzen und über Funk transportiert wurden. Diese Daten sind vielfältigen Störungen ausgesetzt, die im Extremfall darin enthaltene Information verändern oder zerstören können. Bei herkömmlichen Programmen kann dies zum Absturz oder zu schwerwiegenden Fehlergebnissen führen[12].

1.3 Schnelligkeit statt Präzision

Trainierte Neuronale Netze können für einen ihnen bekannten Problemtyp schnell gute Näherungslösungen finden. Sie sind daher gut für Aufgaben einsetzbar, bei denen Geschwindigkeit wichtiger ist als absolute Genauigkeit. Probleme mit traditionellen Programmen oder Expertensystemen zu lösen, kann so aufwendig sein, daß eine Lösung zu spät kommt, um nützlich zu sein[9]. Besonders augenfällig ist das Problem im militärischen Bereich für die Freund/Feind-Erkennung. Doch auch für alle anderen Formen von Frühdiagnosen sind sie einsetzbar: im Gesundheitswesen, bei der Wartung von Maschinen und Anlagen und nicht zuletzt als Entscheidungshilfen im Wertpapiergeschäft.

2. Neuronale Netze in der Praxis

Die Möglichkeiten Neuronaler Netze wurden erst in der Mitte der achtziger Jahre von der Wissenschaft voll erkannt. Ein großes Verdienst hatte daran die Forschungsgruppe um *D. E. Rumelhart*[11]. Doch auch danach stand ihrer breiten Anwendung im Wege, daß es zum einen lange dauerte, bis kommerzielle Programme für interessierte Anwender zur Verfügung standen. Zum anderen müssen für das Training der Neuronalen Netze riesige Datenmengen bewältigt werden. Darum ist eine breitere Anwendung erst möglich geworden, als die elektronischen Massenspeicher immer preiswerter wurden. Doch nicht allein die Masse an Daten macht den Computern zu schaffen. Die Daten sind fast ausschließlich vielstellige Dezimalbruchzahlen, deren Verarbeitung umfangreiche Gleitkommaarithmetik erfordert. Computer ohne mathematischen Koprozessor werden bei derartigen Operationen sehr langsam. Erst in jüngerer Zeit sind die leistungsfähigen Mikrocomputer mit mathematischen Koprozessoren für breite Nutzerschichten erschwinglich geworden. So wundert es nicht, daß selbst im für Neues stets aufgeschlossenen Amerika erst zum Ausklang der achtziger Jahre damit begonnen wurde, Neuronale Netze für Finanzprognosen zu entwerfen und einzusetzen[19, 29–38]. Mittlerweile ist sogar eine zweimonatlich erscheinende Zeitschrift auf dem Markt, *NeuroVe$t Journal*, die sich überwiegend mit Finanzprognosen durch Neuronale Netze befaßt (Anschrift im Anhang).

2.1 Hard- und Softwareanforderungen für Neuronale Netze

Die einfachsten Netzwerk-Simulationsprogramme benötigen nur einen IBM kompatiblen Computer PC/XT ohne mathematischen Koprozessor. Abhängig von der Größe des Netzes und der Datenmenge, die man verwendet, um das Netz zu trainieren, kann es erforderlich sein, daß ein Computer vom Typ PC/XT tagelang ununterbrochen rechnet, bis er ein Neuronales Netz halbwegs optimiert hat. Da es keine festen Regeln gibt, wie man ein Netz optimal konstruiert, muß der Anwender viel experimentieren. Es empfiehlt sich daher, einen möglichst schnellen Rechner zu verwenden, mit dem man die einzelnen Varianten seines Netzes in möglichst kurzer Zeit durchprobieren kann.

Folgendes Beispiel könnte helfen, das Problem zu verdeutlichen: Der von mir verwendete Computer ist ausgestattet mit einem 80486 DX 2/66 Prozessor. Das erste Netz habe ich mit 250 Datensätzen trainiert, die aus jeweils 26 Eingaben bestanden. Nach 2000 vollständigen Zyklen, d.h. nach dem Durchrechnen von einer halben Million Datensätzen, war das Netz optimiert. Der Rechner benötigte dafür eine Viertelstunde. Ein normaler PC/XT hätte dafür 24 Stunden rechnen müssen. Dies ist keineswegs ein extremes Beispiel. Ich mußte Netze auch schon länger als vier Stunden optimieren.

Der Markt bietet ein breites Spektrum von Netzwerk-Simulationsprogrammen an, mit denen man Neuronale Netze erstellen kann. Im Anhang ist eine kleine Auswahl kommerzieller Programme genannt. Einige dieser Programme wurden bereits in der Literatur besprochen[39]. Die Programme unterscheiden sich kaum in ihrem grundsätzlichen Aufbau. Alle sind in der Lage, Netzwerktypen zu konstruieren, die für Finanzprognosen geeignet sind. Diese Netze verwenden zum Lernen die Methode der Fehlerrückführung. Einige Programme bieten verschiedene Netzwerktypen an, die jedoch im allgemeinen für die Finanzprognose ungeeignet sind. Auch von verschiedenen Aktivierungsfunktionen zur Auswahl ist meist kein Gewinn gegenüber der allgemein üblichen logistischen oder Fermi-Funktion zu erwarten. Einige Programme treiben großen Aufwand mit den Möglichkeiten zur grafischen Darstellung von Lernprozessen, Netzwerkaufbau usw. Alle Programme können Datenlisten im ASCII-Format verarbeiten. Die Verarbeitung anderer Dateiformate, wie Lotus 1–2–3™, dBase™ usw. sind Sonderausstattungen, die nicht alle Programme bieten. Die neueste Programmgeneration ist nicht mehr nur für das Betriebssystem MS-DOS™ geschrieben, sondern für 32-Bit-Rechner, die unter MS-Windows™ oder IBM-OS/2™ laufen. Dies erlaubt eine bessere Ausnutzung der RAM-Speicherkapazität und der Rechnergeschwindigkeit. Jeder soll für sich selbst beantworten, ob diese Unterschiede zusammengenommen Preisdifferenzen von US-$ 200,– bis US-$ 2500,– rechtfertigen. Alle hier besprochenen Netze wurden mit dem Programm Neuro-Shell™ Version 4.1 für MS-DOS™ von *Ward Systems* erstellt. Das Programm kostet US-$ 195,–.

Es gibt auch noch kostengünstigere Softwarelösungen für den Einsteiger mit kleinem Budget: Einige Bücher über Neuronale Netze enthalten als Beigabe fertige Simulationsprogramme (im Literaturverzeichnis sind diese Exemplare markiert).

Ein Werk verdient besondere Beachtung: *McClelland/Rumelhart, Explorations in Parallel Distributed Processing*[11]. Es ist nicht nur eine sehr gut zu lesende Einführung in die verschiedenen Netzwerktypen, sondern auch ein ausgezeichnetes Übungsbuch. Die Begleitdisketten enthalten neben den anwendungsreifen Programmen noch den vollständigen Quellcode in der Programmiersprache *C*. Buch und Begleitdisketten zusammen kosten etwa DM 100,– und sind in Fachbuchhandlungen für Informatik zu bekommen. Auch in öffentlichen Leihbüchereien ist das Werk inclusive Disketten zu erhalten, beispielsweise in der Staats- und Universitätsbibliothek in Hamburg. Eventuell muß man das Buch über Fernleihe bestellen, was ein Vierteljahr dauern kann, aber dafür ist es dann praktisch kostenlos. Die Programme auf den Begleitdisketten sind nicht so anwenderfreundlich wie kommerzielle Produkte, z. B. fehlt die Mausunterstützung und es werden nur ASCII-Dateien verarbeitet. Aber sie sind vielseitig und ohne Einschränkung zum Erstellen Neuronaler Netze für Finanzprognosen einsetzbar. Da der Quelltext in *C* vorliegt, kann das Programm auch auf andere Rechnersysteme übertragen und bei Bedarf nach eigenen Wünschen modifiziert werden.

Die kommerziellen Netzwerkprogramme sind sicher eine große Hilfe, wenn Sie ein Neuronales Netz entwickeln wollen. Doch bleibt es Ihnen nicht erspart, sich die Mühe zu machen, aus der Vielzahl der Möglichkeiten einen geeigneten Entwurf für Ihre Zwecke zu konstruieren. Denn, ob Sie Erfolg haben werden, hängt in erster Linie von der Güte Ihres Entwurfes ab und nicht von dem verwendeten Netzwerkprogramm. Ein Autor[7] formuliert dies so: „Es bleibt genügend Spielraum für menschliche Leistungen – und Fehlleistungen."

2.2 Aufbau eines Neuronalen Netzes

Es gibt eine ganze Reihe verschiedener Netzwerktypen, die für die verschiedensten Anwendungen erdacht wurden. Sie hätten nicht viel davon, würde ich alle diese Netzwerkmodelle hier besprechen. Der interessierte Leser findet im Literaturanhang eine Reihe von Titeln zum Thema Neuronale Netze, in denen die gebräuchlichsten Typen in allen Einzelheiten vorgestellt und diskutiert werden[1–15]. Etwas exotischere Netzwerktypen werden vor allem in zwei Büchern abgehandelt[11, 12].

Wir werden uns hier nur mit dem Netzwerktyp befassen, der bisher als einziger für Finanzprognosen verwendet wird. Es ist der Typ des geschichteten vorwärtsgekoppelten Netzwerkes, dargestellt in *Abbildung 3*. In diesem Netzwerktypus sind die Verarbeitungselemente (Neuronen) in Schichten angeordnet, die jeweils mindestens ein Neuron enthalten. Jedes Netz besitzt mindestens 3 Schichten, und dies ist gleichzeitig der Regelfall. Man unterscheidet:

- die Eingabeschicht (mit den Eingabeneuronen)
- die Zwischenschicht(en) (mit den verborgenen Neuronen)
- eine Ausgangsschicht (mit dem (den) Ausgabeneuron(en))

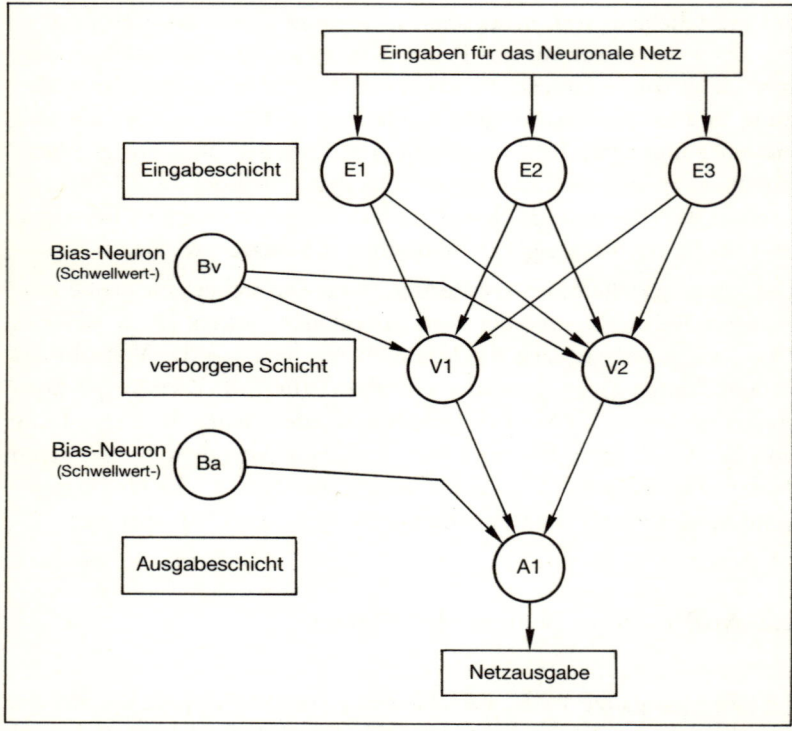

Abb. 3: Aufbau eines Neuronalen Netzes (Die Neuronen sind als Kreise und die Verbindungsgewichte zwischen den Neuronen als lange Pfeile dargestellt, um die Richtung des Informationsflusses zu kennzeichnen. Die kurzen Pfeile repräsentieren die Eingabe- und Ausgabedaten.)

Schichtweise Anordnung bedeutet, daß innerhalb einer Schicht alle Neuronen vom gleichen Typ sind und daß diese Neuronen untereinander nicht verbunden sind. Verbindungen bestehen nur von einer Schicht zur nächsten.

Vorwärtskopplung bedeutet, daß die Signalausgabe nur in eine Richtung geht, nämlich nur in Richtung Netzausgang. Die Eingabeneuronen geben ihre Signale nur an verborgene Neuronen. Die verborgenen Neuronen leiten ihre Ausgabe nur an die Ausgangsschicht; jedenfalls ist das der Normalfall. In einem vierschichtigen Netzwerk würde die Ausgabe der ersten Schicht verborgener Neuronen an die zweite Schicht mit verborgenen Neuronen gehen. Die Vorwärtskopplung gilt für ein bereits trainiertes Neuronales Netz, das sich im Prognose- bzw. im Arbeitsmodus befindet.

Die Eingabeschicht, also diejenige Schicht, in der die Eingabeneuronen enthalten sind, nimmt die Außenreize auf. In den hier besprochenen Fällen sind das die Eingabeparameter. Jedes Eingabeneuron ist praktisch ein Sensor, der jeweils einen speziellen Eingabeparameter erfaßt. Entsprechend der Größe des Eingabeparameters nimmt dieser Sensor bestimmte Werte an. Es sind die Parameter, von denen wir annehmen, daß sie einen wesentlichen Einfluß auf die gewünschten Ausgabewerte haben. Beispielsweise geben wir ein: Inflationsrate, Verbraucherpreisindex, Zinsniveau und aktueller Stand des Aktienindex. Wir erhoffen, aufgrund dieser Angaben auf den künftigen Stand des Aktienindex schließen zu können. Die Eingangsneuronen leiten ihre Daten aber nicht direkt zu den Ausgangsneuronen, sondern sie reichen ihre Informationen an die Neuronen einer Zwischenschicht weiter.

Die Zwischenschicht wird auch verborgene Schicht genannt, weil sie keine direkte Verbindung nach außen hat. Der Betreiber des Netzwerkes sieht weder, welche Eingangssignale die Neuronen in dieser Schicht erhalten, noch ist zu sehen, welche Ausgangssignale sie an die folgende Schicht weitergeben. Die Neuronen der verborgenen Schicht(en) bilden das Herzstück eines Neuronalen Netzes. Hier werden die Eingabemuster interpretiert und bestimmten Ausgabemustern zugeordnet. Jedes verborgene Neuron ist mit allen Eingabeneuronen und mit allen Ausgabeneuronen verbunden. Die Verbindungen zu den Eingabeneuronen sind die Eingänge, diejenigen zu den Ausgangsneuronen sind die Ausgänge. Jede dieser Verbindungen besitzt ein bestimmtes Gewicht. Vereinfacht gesagt, ist das Verbindungsgewicht ein Faktor, mit dem ein Eingabe- bzw. Ausgangswert multipliziert wird. Dieser Faktor kann ein positives oder negatives Vorzeichen besitzen und verschieden groß sein; auch der Wert 0 ist möglich.

In den Verbindungsgewichten zu und von den verborgenen Neuronen sind also die Regeln festgelegt, nach denen die Eingabewerte und die Ausgabewerte miteinander verknüpft werden. Je mehr verborgene Neuronen verwendet werden, um so mehr wechselseitige Abhängigkeiten sind möglich und um so komplizierter können die gespeicherten Regeln für die Musterassoziation sein.

Die Neuronen der Ausgabeschicht liefern die Ausgangssignale des Netzes, also die Ergebnisse des Musterzuordnungsprozesses. Im Extremfall kann die Ausgabeschicht nur ein einziges Ausgabeneuron enthalten. Im Beispiel aus der Eingabeschicht würde ein Ausgangsneuron genügen, um den zukünftigen Stand des Aktienindex anzuzeigen.

In *Abbildung 4* sehen Sie einen Ausschnitt aus einem Neuronalen Netz, in dem die Signalübertragung von einer Neuronenschicht zur nächsten schematisch dargestellt ist.

Die Neuronalen Netze besitzen verschiedene Betriebsmodi. Der erste Betriebsmodus ist der Lernmodus. In diesem Modus befindet sich das Netz, solange es trainiert wird. Dann werden, abhängig vom Fehler in den Ausgabeneuronen, die Gewichte der Verbindungen zur davorliegenden Schicht und von dieser wiederum zur Schicht davor verändert. Wenn ein Ausgabewert zu hoch war, wird ein positives Gewicht (fördernde Verbindung) verringert oder ein negatives Gewicht (hemmende Verbindung) verstärkt, oder es wird ein Schwellenwert heraufgesetzt – mehr dazu im Abschnitt über die Bias-Neuronen. Entsprechendes gilt für den umgekehrten Fall bis das Netz optimal angepaßt ist, d.h. bis die Abweichung zwischen dem gewünschten Ausgabewert und dem tatsächlichen Ausgabewert des Netzes eine vorgegebene Fehlerschwelle nicht mehr überschreitet. Die Fehlerkorrektur findet also durch negative Rückkopplung statt.

Wenn die Trainingsphase für das Neuronale Netz abgeschlossen und das Netz optimiert ist, kann man mit dem trainierten Netz arbeiten. Die Schwellenwerte für die Aktivierung und die Verbindungsgewichte zwischen den Neuronen sind dann endgültig festgelegt. Im Arbeitsmodus – in unserem Fall im Prognosemodus – werden alle Eingabedaten nur noch mit der optimalen Netzwerkeinstellung bearbeitet. Nun arbeitet das Netz, wie sein Name sagt, vorwärtsgekoppelt.

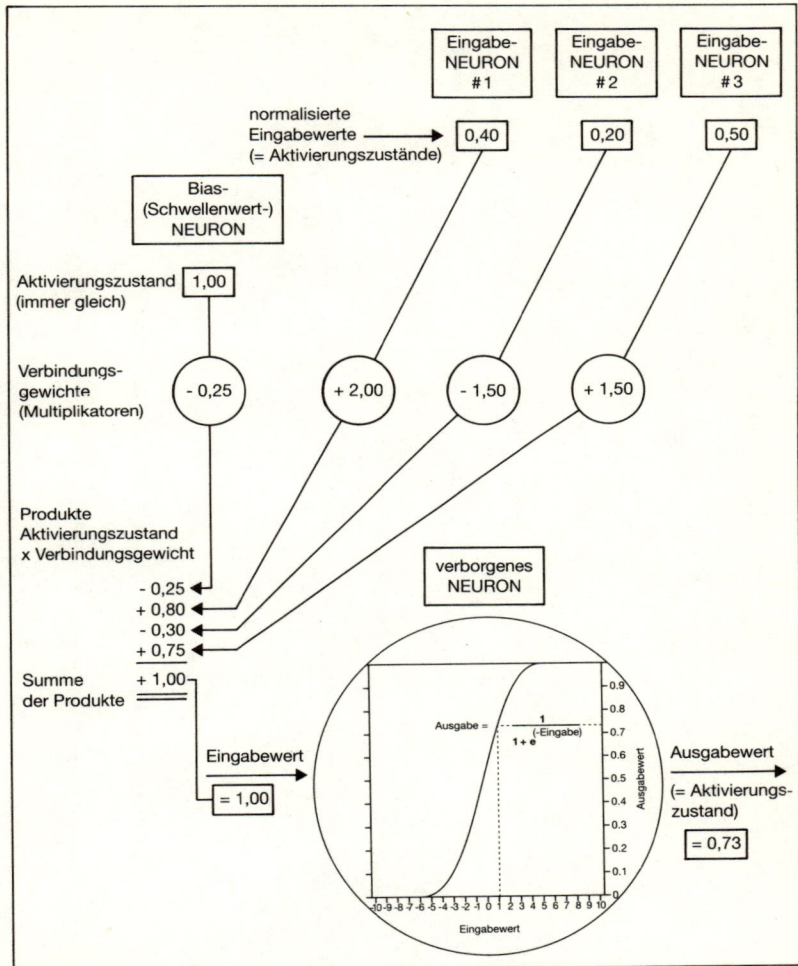

Abb. 4: Signalübertragung im Neuronalen Netz (Die Summe der Produkte (1,00) wird an das verborgene Neuron übergeben und in die Aktivierungsfunktion eingesetzt. Der Ausgabewert (0,73) der logistischen Funktion ist der Aktivierungszustand des verborgenen Neurons.)

3. Trainingsdaten für Neuronale Netze

Sie haben jetzt bereits einiges über Neuronale Netze und Netzwerk-simulationsprogramme gelernt. Wie bereits erwähnt, müssen die Neuronalen Netze zuerst trainiert werden, bevor wir sie praktisch nutzen können. Zum Trainieren benötigen wir Daten und damit wollen wir uns in diesem Kapitel ausführlich beschäftigen.

Wir können dieses Kapitel in drei Bereiche gliedern:

* Auswahl der Daten
* Beschaffung der Daten
* Aufbereitung der Daten

Beginnen wir mit der Datenauswahl. Ich werde einige Möglichkeiten vorstellen und das Für und Wider erörtern. Betrachten Sie die Beispiele bitte als Anregungen. Es gibt sicher weitere sinnvolle Varianten, die hier nicht berücksichtigt sind.

3.1 Auswahl der Daten

3.1.1 Märkte und Instrumente

Eigentlich kommen alle Märkte in Frage, doch für jeden einzelnen Investor kommt schon allein aus Zeitmangel nur eine kleinere Auswahl in Betracht. Zunächst sollte man sich klar werden, was man vorhersagen möchte. Bei der Entscheidung ist neben der persönlichen Neigung auch die Möglichkeit, relevante Informationen zu beschaffen, wichtig. Das bedeutet für den Aktienmarkt, daß es ratsam sein kann, sich auf die Länderindizes zu beschränken. Dies bietet gegenüber einer Auswahl einzelner Aktien eine Reihe von Vorteilen, die ich kurz benennen möchte:

Informationen über Indizes sind leichter zu beschaffen und zu verfolgen. Viele fundamentale Wirtschafts- und Finanzparameter eines Landes sind für seinen Aktienindex relevant, aber für einzelne Aktiengesellschaften nur eingeschränkt verwendbar. Beschränkung auf Indizes bedeutet Risikostreuung.

Eine Möglichkeit, Indizes sozusagen zu kaufen, besteht im Erwerb von Indexfonds. Es gibt sie für die kontinentaleuropäischen Indizes, für den englischen *FTSE 100* Index, für den amerikanischen *Dow Jones Industrial Average* und für den japanischen *Nikkei 225 Stock Average*. Nicht alle sind in Deutschland notiert, die meisten jedoch in London und somit sind die Kurse in der *Financial Times* abgedruckt. Fonds sind in letzter Zeit immer populärer geworden. Es gibt sie für jeden Finanzmarkt: Aktienfonds, Rentenfonds, Geldmarktfonds, Immobilienfonds, Derivatfonds, Länderfonds. Letztere sind manchmal die einzig möglichen Anlageinstrumente für einen Privatinvestor, sich in den Wachstumsmärkten der exotischen Länder zu engagieren, beispielsweise in Indien, Korea, Taiwan, Indonesien, Malaysia, Thailand, Philippinen, Mexico, Brasilien.

An allen internationalen Börsen werden Put- und Call-Optionen und entsprechende Optionsscheine auf Aktien-Indizes gehandelt. Das ermöglicht dem Investor, an steigenden und fallenden Kursen zu verdienen. Nehmen wir einmal an, der Investor sei in Deutschland ansässig und wolle nur die Instrumente nutzen, die an deutschen Börsen gehandelt werden. Der Investor möchte weiterhin à la Hausse und à la Baisse spekulieren können. Infrage kommen beispielsweise Index-Optionsscheine auf den *DAX*, den *S&P 500*, den *FTSE 100*, den *CAC 40*, *HangSeng* Index, *Japan Top*-Aktienauswahl.

Man kann statt der Optionsscheine auch Optionen als Anlagemedium wählen. Auch bei den Optionen gibt es Put- und Call-Möglichkeiten. In Deutschland sind sie jedoch auf wenige Deutsche Aktien beschränkt. Optionen sind außerdem in der Regel wesentlich spekulativere Geldanlagen als Optionsscheine, denn sie besitzen vergleichsweise kurze Laufzeiten von maximal neun Monaten. Longterm Options, die über mehrere Jahre laufen, wie in den USA, gibt es in Deutschland nicht. Optionsscheine werden dagegen oft mit Laufzeiten von mehreren Jahren ausgestattet. Ausnahme sind unter anderem die Optionsscheine auf den englischen *Financial Times* Index FTSE 100, die, soweit ich beobachtet habe, immer nur Laufzeiten unter einem Jahr bieten. Nachteilig bei Optionsscheinen auf ausländische Indizes allgemein sind ihre oft geringen Umsätze. Das kann zu Schwierigkeiten führen, wenn man die Scheine wieder verkaufen möchte.

Ein Investor kann am Geldmarkt und am Rentenmarkt nicht nur Geld zu festen Zinsen anlegen, sondern auch in verschiedener Weise spekulieren, ohne an die Terminbörse gehen zu müssen. Er kann Anleihen mit Aktienoptionsscheinen kaufen, Wandelanleihen erwerben oder sich Optionsscheine auf Zinstitel beschaffen. Nur die zuletzt genannten ermöglichen die Spekulation à la Hausse und à la Baisse mittels Put- und Call-Optionsscheinen.

Für den Geldmarkt gibt es in Deutschland beispielsweise Put- und Call-Scheine auf den *3-Monats-LIBOR* oder *6-Monats-LIBOR (London inter bank offered rate)*, oder *6-Monats-FIBOR (Frankfurt inter bank offered rate)* in DM. Für den Rentenmarkt werden Kauf- und Verkaufs-OS auf Anleihen in allen europäischen Währungen und US-Dollar angeboten.

Auf den Devisenmärkten kann man sich durch Kauf- bzw. Verkauf von Fremdwährungsanleihen engagieren, gemischte Geldmarktfonds erwerben. Währungs-Optionsscheine auf DM/$, DM/engl. Pfund, DM/SFr., DM/Yen, $/Yen und anderes mehr werden in Deutschland gehandelt.

Auf dem Goldmarkt stehen ebenfalls viele verschiedene Anlagemöglichkeiten zur Auswahl: Goldbarren, Goldmünzen, Goldzertifikate, Goldminenaktien oder Goldoptionsscheine.

Ganz allgemein läßt sich sagen, daß die Daten Indikatorcharakter besitzen sollten, oder in Kombination als Indikatoren dienen können. Man kann grundsätzlich drei Arten von Indikatoren unterscheiden: Fundamentale, technische und Stimmungsindikatoren. Sie sind alle verwendbar, solange sie sich in Zahlen ausdrücken lassen. Fundamentale Wirtschaftsdaten sind z.B. Bruttoinlandsprodukt, Industrieproduktion, Handelsvolumen, Geldmengenentwicklung, Arbeitslosenzahl, Verbraucherpreisindex. Fundamentale Aktiendaten sind beispielsweise Kurs/Gewinn-Verhältnis und Dividendenrendite. Technische Daten sind Kurse und Umsätze der Wertpapiere, Richtung und Stärke von Trends. Stimmungsindikatoren sind z.B. Einschätzung des Geschäftsklimas oder die Angaben zur „Bullish opinion" der Firmen Market Vane oder Consensus Incorporated, wie man sie beispielsweise für die U.S.A. im *Barron's* abgedruckt findet.

Im Folgenden sind einige Kenngrößen angegeben, die entweder bereits für sich genommen als Indikatoren dienen oder als Mitbestandteil von Indikatoren verwendet werden.

3.1.2 Markttechnische Indikatoren

Indikatoren für Marktbreite

Die Grundannahme über den Aussagewert von Indikatoren für Marktbreite ist folgende: Eine Marktbewegung ist um so verläßlicher, je mehr Marktteilnehmer diese stützen.

Eine Angabe zur Breite ist das Volumen der Aktienumsätze in Stück. Sie ist erhältlich für die Papiere einer einzelnen Aktiengesellschaft sowie für die Gesamtheit aller Aktien eines Marktes, also beispielsweise am *New York Stock Exchange* (NYSE).

„Advancing", „declining", „unchanged issues" sind weitere Angaben zur Marktbreite. Das heißt die Anzahl der Gesellschaften, deren Aktien höhere oder niedrigere Kurse erzielten bzw. unverändert notierten. Diese Angaben gibt es von Tag zu Tag und von Woche zu Woche. Am NYSE sind zur Zeit etwa 3000 verschiedene Aktien und Fonds notiert. Davon sind jede Woche meist zwischen 300 und 400 Papiere unverändert, der Rest teilt sich auf in steigende oder fallende Aktien.

Weiter werden noch die „New Highs" und „New Lows" registriert, ebenfalls auf Tages- oder Wochenbasis. Das sind die Aktien, die bezogen auf die zurückliegenden zwölf Monate neue Höchst- bzw. Tiefststände erreicht haben.

Nicht für alle Märkte lassen sich diese Angaben leicht beschaffen. Man kann sich jedoch auch selbst brauchbare Statistiken anlegen, was nicht unbedingt erfordert, alle Aktien eines Marktes zu beobachten. Ein Autor[40] schreibt dazu, daß pro Markt 20 Aktien bereits ausreichen, wenn sie verschiedene Marktsektoren repräsentieren, also z. B. Industrie, Finanzbereich, Konsum, Bau, Transport, Versorgung. Marktbreiteanalyse läßt sich ebenso auf Rohstoffe, auf einzelne Aktienbranchen oder auf den Weltaktienmarkt anwenden.

Volatilitätsbestimmung

Die Kurse von Wertpapieren und Indizes entwickeln sich nicht stetig, sondern unterliegen zum Teil starken Schwankungen um die gleitenden Mittelwerte. Ein Maß für die Häufigkeit und das Ausmaß der Schwankungen ist die sogenannte Volatilität. Üblich ist es, die Varianz der Kurse zur Berechnung der Volatilität zu verwenden[16]. Manchmal wird jedoch auch die Standardabweichung (Quadratwurzel der Varianz) der Kurse angegeben. Die Volatilität eines Kurses wird mit dem griechischen Buchstaben Beta (ß) gekennzeichnet. Sie spielt eine wichtige Rolle bei der Berechnung von Optionspreisen und in der Portfoliotheorie[16]. Doch auch für die Kursprognose ist sie verwertbar.

Ein Designer Neuronaler Netze [30] schrieb kürzlich über seine Erfahrung mit Kursprognosen, daß die Güte seiner Prognosen für Wertpapiere mit hoher Volatilität besser ausfiel als für solche mit geringem Beta. Dies mag jedoch an seiner Parameterauswahl gelegen haben, denn er benutzte als Eingaben für sein Netz lediglich Daten zur Preisentwicklung und zum Umsatzvolumen des Wertpapiers.

Die Volatilität eines Marktes ist keine feste Größe, sondern sie variiert. Es lassen sich Marktphasen mit hoher und solche mit niedriger Volatilität unterscheiden. In Phasen mit niedrigem Beta folgen die Märkte einem Trend, während Phasen mit hohem Beta Trendwenden markieren. Somit sind die Märkte während beider Phasen in gewisser Weise vorhersagbar[17].

3.1.3 Fundamentale Marktindikatoren

Zinsindikatoren

Die Berücksichtigung von Zinssätzen für Anlageentscheidungen hat eine lange Tradition und dafür gibt es gute Gründe. Niedrige Zinsen erleichtern die Kreditaufnahme und erhöhen so die Liquidität, hohe Zinsen bewirken das Gegenteil. Liquidität ist eine Triebkraft für den Aktienmarkt. Niedrige Zinsen begünstigen Geldanlagen in Aktien auch noch in anderer Hinsicht. Wenn die Zinsrendite nur geringfügig höher oder gar niedriger ist als die Dividendenrenditen aus Aktien, dann werden viele Anleger Aktien erwerben, weil diese noch die Aussicht auf zusätzliche Erträge durch Kurssteigerungen bieten. Die Höhe der Zinsen im internationalen Vergleich und die Entwicklung dieser Zinssätze beeinflußt auch die Währungskurse. Zinsänderungen sind also Indikatoren für veränderte Rahmenbedingungen an den Aktien-, Devisen- und Goldmärkten.

Je nach Laufzeit des Kredits wird unterschieden zwischen dem Geldmarkt und dem Rentenmarkt. Am Geldmarkt werden Zinspapiere und Wechsel mit kurzer Laufzeit bis zu wenigen Monaten gehandelt, am Rentenmarkt die mehrjährigen Anleihen. Typische Vertreter für Geldmarktpapiere sind für die U.S.A. die Treasury Bills (T-Bills), für Deutschland die Bundesschatzwechsel. Beide sind abgezinste Papiere mit 90 Tagen Laufzeit, stellen also so etwas wie die Kurzzeitvariante eines Zero-Bonds dar. Beispiele für langfristige Schuldverschreibungen am Rentenmarkt sind in den U.S.A. die Treasury Bonds (T-Bonds), 30jährige Schatzanleihen; in Deutschland werden nur Staatsanleihen mit maximal 10 Jahren Laufzeit ausgegeben.

Auf dem Euro-Geldmarkt werden kurzfristige Kredite in verschiedenen Währungen über die Grenzen hinweg unter den Geschäftsbanken gehandelt. Beteiligt sind daran neben europäischen auch amerikanische Banken und ihre Handelsobjekte sind die europäischen Währungen, aber auch und vor allem der US-Dollar.

Die Höhe der kurzfristigen und der langfristigen Zinsen kann verschieden angegeben werden, entweder als Zinssätze auf dem heimischen Geldmarkt oder dem Euro-Geldmarkt bzw. Umlaufrenditen der langfristigen Anleihen, oder als Kurse beispielsweise der abgezinsten T-Bills bzw. als Kurse der T-Bonds mit fester Verzinsung. Hohe Kurse dieser Papiere zeigen niedrige Renditen an. Man kennt auch verschiedene Rentenmarkt-Indizes. Für diese gilt gleichermaßen, daß hohe Kurse niedrige Zinserträge bedeuten.

Zinssensible Indikatoren

Zu den zinssensiblen Indikatoren zählen in Amerika auch die Utilities-Indizes. Bekannt sind der *Dow Jones Utilities Average* (DJUA) und der *S & P Utilities* Index. In diesen Indizes werden Aktien verschiedener Versorgungsunternehmen (Energie und Wasser) zusammengefaßt. Aktien dieser Unternehmen sind meist keinen großen Kursschwankungen unterworfen und ihre Dividendenzahlungen sind stabil. Sie ähneln wegen ihres vergleichsweise geringen Anlagerisikos am meisten den Anleihen und darum treten sie zuerst mit diesen in Konkurrenz.

Leitzinsen

Die Leitzinsen werden von den Notenbanken des jeweiligen Landes festgelegt. Sie haben großen Einfluß auf das Zinsniveau am Geld- und Rentenmarkt, sind aber nicht die einzige Möglichkeit der Notenbanken, auf die allgemeine Zinsstruktur einzuwirken. Die Notenbank kann an den Geld- und Kapitalmärkten nicht nur als Anbieter von Wertpapieren, sondern auch als Käufer der eigenen Wertpapiere auftreten und so die Kurse der Zinspapiere beeinflussen. Diese Strategie, Offenmarktpolitik genannt, wird von der Federal Reserve Bank in Amerika oft genutzt; bei der Deutschen Bundesbank ist sie nicht besonders populär. Wegen der Offenmarktpolitik hinken die

Leitzinsen bisweilen der allgemeinen Zinsentwicklung hinterher.
Dennoch besitzen sie eine gewisse Bedeutung als Indikator, denn sie
offenbaren die Einstellung der Notenbank[41].

Geldmengenentwicklung (Geldvolumen)

Aufgaben der Notenbanken ist es, einerseits die Geldwertstabilität
zu sichern und andererseits die Wirtschaftsentwicklung zu fördern.
Dabei müssen sie die Entwicklung der Geldmenge im Auge behal-
ten. Wächst diese zu schnell, droht Inflation, ist zu wenig Geld im
Umlauf, wird das Wirtschaftswachstum gefährdet. Die Notenbank
schätzt den künftigen Bedarf und definiert das Geldmengenziel. Für
die verschiedenen Formen des Geldes M1, M2 und M3 gibt die Notenbank Entwicklungsspielräume vor. Weicht die tatsächliche Entwicklung zu sehr ab vom angestrebten Ziel, greift sie in den Finanzmarkt ein. Neben den oben erwähnten Mitteln, Leitzinsen und Offenmarktpolitik, kann sie auch noch die Vorschriften zur Mindestre-
servehaltung ändern, um das Geldmengenwachstum zu regulieren.
Diese Vorschriften haben einen großen Einfluß auf die Kreditschöp-
fung und damit die Liquidität. Ein Wertpapierexperte[41] hat auf die
Bedeutung dieses Parameters für die Entwicklung des Aktienmarktes hingewiesen.

Die Geldmengenentwicklung muß also vor dem Hintergrund der Inflation und der Konjunkturentwicklung betrachtet werden. Dann
kann sie Aufschluß über die künftige Tendenz an den Finanzmärkten geben.

Goldpreis

Gold konkurriert mit den Aktien und Zinspapieren um die Gelder
der Anleger, denn es gilt als wertstabile Geldanlage. Darum halten
viele Länder Goldreserven zur Absicherung ihrer Währungen. Zudem ist das Gold Industrierohstoff und Werkstoff der Schmuckindu-
strie. Der Goldpreis in US-$ hat sich historisch fast immer entgegen-
gesetzt zu den Aktienindizes in Amerika bewegt, oft mit einem gewissen zeitlichen Vorlauf[42, 43]. Daraus resultiert der Nutzen des Goldpreises als Indikator künftiger Veränderungen an den Finanzmärkten.

Inflation

Die Inflation, auch bekannt als Preissteigerungsrate oder Teuerungs-
rate, erfährt jeder Einzelne an der Entwicklung der Verbraucherpreise. Man kennt jedoch auch andere Indikatoren, um Inflation zu mes-
sen, und zwar noch bevor sie sich in den Verbraucherpreisen nieder-

schlägt; denn diese stehen am Ende einer langen Kette von Preisänderungen. Es beginnt mit den Preisen für Rohstoffe und Energie, dann folgen die Erzeugerpreise, danach die Großhandelspreise und schließlich die Verbraucherpreise. In Amerika wird darum die Preisentwicklung an den Warenterminmärkten als Frühindikator für Inflationstendenzen angesehen. Ein bekannter, wenngleich nicht der einzige, Index für diese Entwicklung ist der *Commodity Research Bureau Composite* Index, oft nur unter der Abkürzung CRB-Index angegeben.

Die meisten Rohstoffpreise werden in US-Dollar notiert. Darum können die Amerikaner relativ einfach von den Rohstoffpreisen auf die Verbraucherpreise hochrechnen. Dies gilt nur mit Einschränkung, denn beispielsweise bleiben hier Produktivitätssteigerungen unberücksichtigt. Für Deutschland und andere Länder, deren Währung nicht an den US-Dollar gekoppelt ist, muß der Wechselkurs zum Dollar mit in die Rechnung eingehen. Dies kann zu erheblichen Verschiebungen, im Extremfall sogar zur Umkehr der Preisentwicklung führen.

Kürzlich wurde in einer amerikanischen Börsenzeitschrift ein Indikator vorgestellt[44], der Inflation schon sechs bis neun Monate vor dem CRB-Index anzeigen soll. Für diesen Indikator wurde die Kapazitätsauslastung der Industrie mit der Arbeitslosenquote in Beziehung gesetzt.

Abnehmende Inflation kann zu Zinssenkungen führen, beschleunigte Teuerung zum Ansteigen der Zinsen, mit den bereits besprochenen Folgen für die Aktienmärkte.

Konjunkturindikatoren

Die Entwicklungen des Bruttoinlandsproduktes, der Industrieproduktion, des Großhandelsvolumens und der Arbeitslosenquote sind Konjunkturindikatoren. Während der Anteil des primären Beschäftigungssektors, Land- und Forstwirtschaft sowie Fischerei, immer mehr abnimmt und auch der Anteil der Beschäftigten in der Industrie rückläufig ist, gewinnt der Dienstleistungsbereich immer mehr an Bedeutung. Das zunehmende Gewicht des Dienstleistungssektors drückt sich nicht nur in der Zahl der Beschäftigten, sondern auch in seiner Wirtschaftskraft aus. Beispielsweise ist in Amerika der Anteil der Dienstleistungen am Bruttoinlandsprodukt schon auf über 50 % angewachsen[45]. Auch in anderen Industrienationen nimmt dieser Bereich an Bedeutung zu, wenngleich noch nicht in dem Maße wie in den U.S.A. In vielen Konjunkturstatistiken, beispielsweise in den OECD Monatsberichten, sind zwar die Zahlen für Industrieproduktion, nicht jedoch die Dienstleistungen extra ausgewiesen. Allerdings sind sie im Bruttoinlandsprodukt enthalten; darum ist dieses der Industrieproduktion als Konjunkturindikator vorzuziehen, falls man nur einen solchen Indikator verwendet. Die Arbeitslosenquote scheint zunehmend ungeeignet als Konjunkturindikator, seit in den meisten OECD-Ländern trotz Wirtschaftswachstums hohe Arbeitslosenquoten üblich geworden sind.

Zahlungsbilanz

Die Zahlungsbilanz eines Landes wird erstellt von der jeweiligen Zentralbank. Sie weist den Gegenwert aller ein- und ausgeführten Waren und Dienstleistungen sowie des Kapitalverkehrs in heimischer Währung aus, ist also vergleichbar mit der Buchhaltung des Außenhandels eines Landes mit dem Rest der Welt. Überschüsse in der Zahlungsbilanz erhöhen die Devisenreserven eines Landes und sichern seine Zahlungsfähigkeit gegenüber dem Ausland. Hohe Überschüsse führen zu Aufwertungsdruck der Währung, dementsprechend bewirkt ein hohes negatives Ungleichgewicht Abwertungsdruck. Wir können die Zahlungsbilanzdaten somit für die Prognose von Währungskursen mit heranziehen.

3.1.4 Fundamentale Aktiendaten

In Amerika werden vierteljährlich Dividenden ausgezahlt. Für die Aktien, die im DJIA und im S&P 500 notiert sind, findet man wöchentliche Angaben über Erträge und Dividenden sowie Buchwerte der Aktien. Das erlaubt die Berechnungen einiger fundamentaler Indikatoren:

Kurs/Gewinn-Verhältnis

Das Kurs/Gewinn-Verhältnis ist das Verhältnis von Aktienkurs zu Gewinn pro Aktie (Kurs/Gewinn-Verhältnis oder KGV, englisch „price/earnings ratio" oder P/E ratio). Es führt zur Bewertung einer Aktie als preiswert oder teuer.

Dividendenauszahlungsrate

Die Dividendenauszahlungsrate ist das Verhältnis von Dividendenzahlung je Aktie zu Ertrag je Aktie, englisch „dividend payout ratio". Dieses Verhältnis schwankt. In Amerika gilt ein Anteil von 0,5 als ideal. Das heißt, nur die Hälfte des Gewinnes wird als Dividende ausgeschüttet. Bisweilen wird jedoch die Dividende nicht nur aus laufenden Erträgen gezahlt, sondern teilweise aus Rücklagen, nur um die Aktionäre zu bewegen, die Aktien weiter zu halten. Auf die Dauer läßt sich das jedoch nicht praktizieren. Auch wenn die Dividende nicht aus den Reserven bezahlt wird, mahnt eine hohe Auszahlungsrate zur Vorsicht, denn sie mindert die Möglichkeit zur Rücklagenbildung und zu Neuinvestitionen.

Ertragsdifferenz zwischen Aktienmarkt und Rentenmarkt

Die Ertragsdifferenz zwischen Aktienmarkt und Rentenmarkt zeigt sich in der Differenz zwischen Dividendenrendite auf Aktien und Rendite auf Anleihen bester Bonität, englisch „stock – bond yield gap". Eine geringe Differenz begünstigt Aktien, eine hohe Differenz die Anleihen.

Verhältnis von Marktwert zu Buchwert

Das Verhältnis von Marktwert und Buchwert wird deutlich in der Bewertung eines Unternehmens aufgrund des Kurses seiner Aktien im Verhältnis zu den Unternehmenswerten aufgrund der Unternehmensbilanz (englisch „market/book value"). Üblich ist die Angabe des Marktwertes in Prozent vom Buchwert. Auch diese Größe wird für die Einstufung von Aktien als teuer oder billig verwendet.

Zum Teil liegen solche Angaben auch für deutsche Unternehmen vor, doch sie sind mit Vorsicht zu verwenden. Die Fundamentalanalyse in Deutschland ist offenbar noch stark verbesserungsbedürftig. Denn unsere Analysten lagen mit ihren Schätzungen über Gewinnerwartungen deutscher Unternehmen in der Vergangenheit oft weit daneben, so daß diese als Orientierungspunkte nur unter erheblichen Vorbehalten in Frage kommen.

3.1.5 Stimmungsparameter

Die Stimmung wechselt oft innerhalb kurzer Zeiträume, sie ist daher vorwiegend für die kurzfristige Prognose zu verwenden.

Media Index

Ein Media-Index versucht die Einstellung der breiten Öffentlichkeit zu den Finanzmärkten aufzuspüren. Diese wird oft durch die Titelgeschichten von Zeitschriften wie *Time* oder *Business Week* beeinflußt. Die jeweiligen Grundtöne in den Artikeln waren oft Gegenindikatoren für die folgende Marktbewegung. Der „Media Index Service" wird herausgegeben von Grant Noble[46].

Bullish Opinion

Zwei amerikanische Unternehmen, Consensus Inc. und Market Vane, haben sich darauf spezialisiert, die jeweils aktuelle Stimmung unter den Börsenmaklern zu ergründen. Die Umfrageergebnisse werden wöchentlich veröffentlicht, beispielsweise im *Barron's*. Sie beziehen sich zum einen auf den amerikanischen Aktienmarkt, doch gefragt wird auch nach der Stimmung am Geldmarkt für Eurodollars und am Rentenmarkt für T-Bonds.

Commitment of Traders

Daten zum finanziellen Engagement der Börsenhändler in den U.S.A. werden unter der Rubrik „Traders' Commitment" im *Barron's* abgedruckt. Außerdem erscheinen Angaben dazu in der Zeitschrift *Bullish Review*. Diese Daten sind nicht mit den oben erwähnten Umfrageergebnissen gleichzusetzen, denn auch bei den Händlern gehen Reden und Handlungen nicht immer in die gleiche Richtung.

CBOE Put/Call Ratio

CBOE Put/Call Ratio ist das Verhältnis von Verkaufsoptionen zu Kaufoptionen an der Optionsbörse in Chicago (Chicago Board Options Exchange). Im *Barron's* finden sich dazu zwei Angaben, die eine bezieht sich auf alle Aktienoptionen, Chicago Board Equity, und die andere bezieht sich auf die Kontrakte für den S&P100 Index. Extrem niedrige Werte sollen auf Verschlechterung am Aktienmarkt schließen lassen, extrem hohe auf Verbesserung, dazwischen gibt es einen breiten Bereich, der als neutral angesehen wird.

Geschäftsklima

In den OECD-Monatsberichten werden für Japan, Deutschland und Großbritannien, Angaben zum Geschäftsklima in der Industrie veröffentlicht und zwar zur aktuellen Situation und zu den Zukunftsaussichten. Die Zahlen spiegeln den prozentualen Anteil der positiv gestimmten Unternehmer wieder, abzüglich des Anteils der negativ gestimmten Unternehmer. Theoretisch sind also Schwankungen zwischen +100 und −100 möglich.

Verkaufserwartungen

Die Verkaufserwartungen von Geschäftsleuten aus verschiedenen Bereichen der Wirtschaft werden zu Beginn eines Quartals im *Econo-*

mist abgedruckt. Die Zahlen sind ebenfalls Prozentanteile, wie die Angaben zum Geschäftsklima.

Die hier aufgeführten Parameter enthalten sicher einige Kenngrößen für künftige Marktentwicklungen, doch sind sie weder vollständig, noch sind es notwendigerweise die wichtigsten.

3.1.6 Gewichtung der Parameter

Ob ein Parameter wichtig oder unbedeutend ist, läßt sich nicht pauschal beantworten. Je nach Anlagemedium kann es sehr verschieden sein, d. h. es hängt davon ab, ob man beispielsweise Aktienindizes oder Goldpreise oder Währungskurse vorhersagen will. Doch damit nicht genug: Eine Kennzahl, die für den Aktienindex des einen Landes wichtig ist, kann für den eines anderen Landes wertlos sein. Und was für die zweimonatige Vorhersage gilt, kann für die sechsmonatige schon nicht mehr stimmen.

Um einen ersten Anhaltspunkt für die Auswahl geeigneter Eingabeparameter zu bekommen, kann man sich einfach von seinem Kalkulationsprogramm eine grafische Darstellung verschiedener Parameter über die Zeit und bei Verdacht auch der Kehrwerte ausgewählter Parameter ausgeben lassen. Solche Parameter, die zueinander parallel oder spiegelbildlich verlaufende Linien hervorbringen, liefern gleichartige Informationen, also genügt einer davon[29,33]. Auch sollte man nicht Parameter eingeben, die nur Umrechnungsprodukte anderer Parameter sind, die man ebenfalls verwendet.

Wenn unter einer Vielzahl von Eingabeparametern, wie aktuelle Wertpapierumsätze, langfristige Zinsen, durchschnittliches KGV, Goldpreis, Inflation, Energiekosten, sich der eine oder andere befindet, der irgendwie verknüpft ist mit dem Stand des Aktienindex zu einem späteren Zeitpunkt, dann kann das Neuronale Netz diese Beziehung erkennen und für eine Prognose verwerten. Die unbedeutenden Parameter werden vom Netz weitgehend ignoriert.

Auch wenn die Parameter, die man eingibt, möglicherweise mit dem Aktienindex assoziiert sind, so kann es sein, daß sie es nicht allein, sondern nur in Kombination mit anderen sind. Beispielsweise ist der prozentuale Dividendenertrag der Aktien eines Index allein nicht so aussagekräftig wie der Vergleich mit den Zinserträgen für langfristige Staatsanleihen und dem Kurs der Heimatwährung zum Dollar und dessen Tendenz. Da die heutigen Finanzmärkte immer mehr zur Globalisierung neigen, ist es ratsam, auch Vergleiche mit den Zinsen anderer Hartwährungsländer anzustellen und Inflationsraten sowie den Goldpreis mit heranzuziehen[36], denn in der Vergangenheit haben niedrige Realzinsen Gold als Anlagemittel begünstigt.

Kürzlich wurde in einer amerikanischen Börsenzeitschrift ein Vergleich verschiedener Frühindikatoren vorgenommen, die Höchststände des DJIA in Haussephasen des amerikanischen Aktienmarktes ankündigen sollen[47]. Für die Zeit von 1900 bis 1993 wurde, soweit Daten verfügbar waren, die Zuverlässigkeit verschiedener Indikatoren analysiert. Darunter waren Anzeiger für Marktbreite, wie das Volumen der wöchentlichen Aktienumsätze (Weekly Volume), die Anzahl der Aktien mit steigenden bzw. fallenden Kursen (Daily A/D Number), die Anzahl der Aktien mit neuen Höchst- bzw. Tiefstständen (Weekly New Highs/New Lows), zinsempfindliche Indikatoren, wie die Kurse der langfristigen Staatsanleihen, für den Kapitalmarkt, oder die Zinserträge der Schatzwechsel, für den Geldmarkt, dazu noch der Dow Jones Utility Average (DJUA), der Index der Aktien von Versorgungsunternehmen. Auch Stimmungsindikatoren, wie Angaben über Insiderverkäufe oder Zweitemissionen wurden berücksichtigt sowie allgemeine Wirtschaftsindikatoren, wie das Verhältnis von aktuellen und Spätindikatoren für die Konjunktur (Coincident/Lagging Indicators) oder die Zahlen für neu begonnene Eigenheimbauten (Housing Starts). Außerdem gab es noch Indikatoren für ausgesuchte Aktiengruppen, wie Brokerhäuser, also Börsenhandelsunternehmen, oder Bauunternehmen für Eigenheime.

Die Quintessenz des Artikels war, daß es sehr wohl zuverlässige Frühindikatoren für Höchststände des Aktienmarktes, also für obere Trendwendepunkte gibt. Das Hauptproblem auch der besten Indikatoren ist, daß ihre Höchststände zwar stets vor denen des Aktienmarktes liegen, aber ihre Vorlaufzeiten nicht konstant sind.

Am besten schnitten die Breiteindikatoren ab, gefolgt von den allgemeinen Wirtschaftsindikatoren, dann etwa gleichrangig die zinsempfindlichen Indikatoren und die ausgewählten Branchen, am Ende lagen die Stimmungsindikatoren.

Nur zwei der Frühanzeiger hatten ihre Höchststände jedesmal vor dem DJIA: das wöchentliche Aktienvolumen am NYSE und die Anzahl der Aktien mit neuen Höchstständen in der Woche. Die Vorlaufzeit war im Mittel etwa ein halbes Jahr für beide Indikatoren, aber mit Schwankungsbreiten von 2 bis 59 Wochen für den ersten und 5 bis 76 Wochen für den zweiten. Housing Starts waren nur wenig schlechter. Sie hatten einmal den Höchststand gleichzeitig mit dem DJIA und sonst immer einen Vorlauf von etwa 48 Wochen, allerdings bis zu 148 Wochen. Alle anderen Indikatoren hatten einen oder mehrere Versager, bei denen sie nachfolgten, wenn auch im Extremfall nur um eine Woche.

Zu einer ganz anderen Bewertung von Stimmungsindikatoren gelangt *Grant Noble*, ein respektierter Marktanalytiker, der selbst einen Börsenbrief herausgibt[46]. Er ist überzeugt, daß seine eigene Medienanalyse die besten Indikatoren liefert. Auch ein bekannter Fondsmanager, *Martin Zweig*[41], schätzt die Stimmungsindikatoren hoch ein und kommt zu einer eigenen Bewertungsrangfolge. Seiner Ansicht nach kommen sie in der Bedeutung gleich nach den Geld- und Kapitalmarktindikatoren und stehen noch vor den rein markttechnischen Indikatoren. Deren Vorteil, so betont sein Berufskollege, *Jack Schwager*[48], bestehe vor allem darin, daß sich die Methoden praktisch unverändert auf viele verschiedene Märkte anwenden lassen.

Die Börsenstatistiken sind am umfangreichsten für den amerikanischen Markt. So sind auch die meisten Indikatoren, d. h. Anzeiger künftiger Marktentwicklungen, nur für die amerikanischen Börsen entwickelt worden. Sie sind also, wenn überhaupt, nur für die Anwendung auf dortige Verhältnisse gültig. Ob vergleichbare Indikatoren auch für Deutschland und andere Länder verwendbar sind, muß in jedem Einzelfall nachgewiesen werden.

In Deutschland beispielsweise sind die Bedingungen an den Börsen sehr verschieden von denen in den U. S. A. Die Börsenkapitalisierung in den U. S. A. ist nicht nur etwa zehnmal so groß wie hier. Der deutsche Anteil am Weltaktienindex (MSCI) ist zwischen drei und vier Prozent, der Amerikas zwischen dreißig und vierzig Prozent. Das Anlegerspektrum ist in den U. S. A. völlig anders. Die privaten Haushalte und die inländischen Anleger haben dort einen viel größeren Einfluß als hier, wo der Anteil ausländischer Anleger hoch ist. Ausländer investieren aber in der Regel nicht so langfristig, sondern sind eher kurzfristig gewinnorientiert. Das zeigen auch die vergleichsweise hohen Umsätze an den deutschen Börsen. Deutschland ist viel stärker vom Außenhandel abhängig, vom Export seiner Industrieprodukte und vom Import von Rohstoffen und Energie. Letztere werden fast ausschließlich in US-Dollar notiert. Das bedeutet, der Wechselkurs der DM zum Dollar, der internationalen Leitwährung, bestimmt in erheblichem Maße die Entwicklung an den deutschen Aktien- und Rentenmärkten. Ein deutscher Anlageratgeber hat aus diesem Grund einmal empfohlen, alle Kurse und Indizes auf Dollarbasis umzurechnen, um die Motive der ausländischen Anleger für Kauf und Verkauf deutscher Wertpapiere besser nachvollziehen zu können[40].

Hinweise für die Gültigkeit der hier vertretenen Thesen werden Sie später, bei der Diskussion der Beispielentwürfe für Neuronale Netze, noch sehen.

Zusammenfassend läßt sich sagen, daß Sie beim Aussuchen geeigneter Parameter nicht leichtfertig auf Informationen verzichten sollten, denn die Neuronalen Netze können Zusammenhänge erkennen, die Sie nicht vermuten würden. In Börsenzeitschriften werden zwar häufiger Indikatoren besprochen, so daß Anregungen für geeignete Parameter schon zu finden sind. Doch viele Indikatoren bringen nur eingeschränkten Nutzen, entweder nur für bestimmte Märkte oder nur zu bestimmten Zeiten[46]. Was ein Parameter wert ist, kann man nur durch Probieren herausfinden.

Wie schon in der Einleitung sind wir auch hier wieder auf die Beobachtung gestoßen, daß bestimmte Marktsituationen in der Vergangenheit zwar eine gewisse Reihenfolge eingehalten haben, aber nicht in festen Zeitabständen eintraten. Das führt uns zum Thema des nächsten Abschnitts, der Auswahl eines Prognosezeitraumes.

3.1.7 Prognosezeitraum

Als nächstes sollte man festlegen, für welche Zeitspanne man Kurse vorhersagen möchte, ob für die nächste Woche, den nächsten Monat oder das nächste Jahr. Als Faustregel gilt, daß man Tageskurse zugrunde legt, wenn man Tageskurse vorhersagen möchte, Wochenkurse oder Monatskurse, um die Kursentwicklung der nächsten Woche(n) vorherzusagen[49]. Wochenkurse, Monats- und Quartalsdaten dienen als Ausgangsmaterial für die Prognose von Kursen der folgenden Monate und Monatskurse, Quartals- und Jahresdaten für die Vorhersage der Entwicklung im nächsten Jahr.

Positive Erfahrungen hat man in Amerika bereits mit Neuronalen Netzen gesammelt, die einige Tage, einen Monat oder ein halbes Jahr vorausschauen, manche sogar bis zu 10 Monate[34]. Vor der Verwendung ungeglätteter Tageskurse zum Trainieren eines Netzes muß jedoch gewarnt werden, weil diese besonders von Stimmungen abhängig sind. Kurzfristig beschreiben die Aktienkurse einen soge-

nannten „random walk", auch „drunkard's walk" genannt[16], den
Gang eines Betrunkenen, der zwar ungefähr weiß, wohin er möchte,
aber jeden einzelnen seiner Schritte kann man unmöglich vorhersagen. Die Börsianer sind oft nervös. Kurzfristig scheint alles, einschließlich des Wetters, des Schlafes in der vorangegangenen Nacht,
das Tageshoroskop und die neuesten Meldungen aus Politik und
Sport die Marktteilnehmer zu beeinflussen. Diese Einflüsse gehören
zu der erwähnten Restkomponente, entziehen sich also der Analyse.
Da die Schwankungen der Tageskurse nicht durch wirtschaftliche
und finanzielle Rahmendaten erklärbar sind, denn diese ändern sich
meist nicht so schnell, würden sie inkonsistente, d.h. in sich wider-
sprüchliche Trainingsdaten abgeben. Daraus läßt sich aber nichts lernen, es verwirrt nur.

Die in Deutschland für Privatanleger geltende Spekulationsfrist von
einem halben Jahr läßt eine Sechsmonatsprognose besonders wünschenswert erscheinen. Im allgemeinen werden die Prognosen um so
unsicherer, je weiter sie in die Zukunft blicken. Dies gilt hauptsäch-
lich für markttechnische Indikatoren. Stützt man sich dagegen vorwiegend auf fundamentale Wirtschaftsdaten, dann ist die Prognose für
kurze Zeiträume, etwa für eine Woche oder einen Monat, schwieriger
als Voraussagen für ein halbes Jahr[16], denn diese Daten werden z.T.
nur monatlich oder jedes Quartal aktualisiert. Der Anwender sollte
entsprechend seinen Neigungen entscheiden, welches Ziel er anstrebt.

3.1.8 Datenumfang

Für welchen Prognosezeitraum sich der Investor auch entscheidet, er
sollte das Neuronale Netz mit mehreren hundert Datensätzen trainieren. Das ist nötig, um möglichst allgemein gültige Regeln für
Kursverläufe zu erkennen. Je weniger Beispiele zum Trainieren verwendet werden, umso größer ist die Gefahr, daß es sich bei den Beispielen um Einzelphänomene oder Sondersituationen handelt, die
keine grundlegenden Regeln enthalten. In der Literatur sind verschiedene Empfehlungen zu lesen, wieviele Datensätze für das Training eines Neuronalen Netzes benötigt werden, z.B.:

- Zwanzigmal soviele Datensätze wie Eingabeparameter[33].
- Datensätze für einen Zeitraum, 200 bis 300 Mal so groß wie der
  Prognosezeitraum[34].
- Viermal mehr Datensätze als Verbindungsgewichte im Neuronalen
  Netz vorhanden sind[30].

Welche dieser Empfehlungen sinnvoll ist, hängt vom gewünschten Prognosezeitraum ab. In jedem Falle sollten die Datensätze verschiedene Phasen eines Marktzyklus, besser noch mehrerer Marktzyklen wiedergeben. Dies gilt nicht nur für das Trainieren Neuronaler Netze, sondern auch für das Entwickeln und Optimieren technischer Indikatoren. Ein Autor[50] schreibt dazu, daß Daten von mindestens zwei vollständigen Marktzyklen ausgewertet werden müssen. Wenn wir für jeden Marktzyklus eine Länge von vier Jahren ansetzen, wie von *Pring*[28] und anderen[50] gefunden wurde, heißt das, Daten von mindestens acht Jahren zu beschaffen. Sie sollten bedenken: Das Netz lernt anhand von Beispielen, darum müssen Sie Beispiele für Aufwärtsbewegungen und Baisse-Phasen des Marktzyklus anbieten, wenn Sie steigende und fallende Kurse vorhersagen wollen. Die Daten müssen nicht lückenlos lange Zeiträume abdecken, aber sie sollten in etwa ausgewogen sein. Das bedeutet, daß in den Lerndaten möglichst etwa gleich viele Beispiele für Phasen steigender Kurse und fallender Kurse enthalten sind. Dies empfiehlt sich, weil beim Trainieren des Netzes der Gesamtfehler für alle Trainingssätze verringert wird. Wenn Sie also etwa zwei Drittel Daten aus Haussephasen und nur ein Drittel Baissedaten trainieren, dann haben die Haussephasen bei der Fehlerermittlung das doppelte Gewicht. Das heißt, Ihr Netz wird wahrscheinlich besser Haussephasen als Baissephasen zuverlässig vorhersagen.

Wie weit in die Vergangenheit soll und darf man zurückblicken, um Trainingsdaten für ein Neuronales Netz zu beschaffen?

Je mehr Trainingsdaten zur Verfügung stehen, umso zuverlässiger sind im allgemeinen die späteren Aussagen des Netzes. Doch man darf nicht außer acht lassen, daß sich die Gewohnheiten der Anleger mit der Zeit ändern können, so daß Erfahrungen aus der Vergangenheit nur eingeschränkt für die Zukunft verwertbar sind. In den vergangenen zwanzig Jahren hat es in der Finanzwelt eine Reihe von Umwälzungen gegeben, die das Anlegerverhalten stark beeinflußt haben[16, 19, 32]. Einige davon möchte ich in Erinnerung rufen: Der Goldpreis wurde 1968 freigegeben, er war lange Zeit auf US-\$ 35,00 pro Feinunze festgeschrieben. Im Jahre 1973 wurde das System der festen Wechselkurse aufgegeben und die Devisenkurse wurden frei beweglich. Durch die starken Ölpreiserhöhungen in den siebziger Jahren floß viel Kapital in die OPEC Länder ab, die dieses vorwiegend auf Geldkonten bei Banken anlegten. Diese wiederum finanzierten damit Länder in der Dritten Welt. Anfang der achtziger Jahre waren die Ölpreisschocks absorbiert und die Weltkonjunktur belebte sich wieder. Der nun zunehmende Kapitalbedarf der Industrie wurde über Anleihen finanziert, weil die Industrieunternehmen oft bessere Bonität besaßen als die Banken, die ihre Forderungen an Drittweltländer in großem Umfang als Verluste abschreiben mußten. Die Petrodollars flossen nicht mehr so reichlich auf die Bankkonten. In den Überschußländern Europas und in Japan wurden Gewinne zunehmend in Wertpapieren angelegt. Der Computerhandel wurde eingeführt. Neue Finanzierungsinstrumente wie Optionen und Futures wurden geschaffen und halfen, das Risiko der Schwankungen von Zinssätzen und Devisen- und Aktienkursen zu mindern[32]. Gleichzeitig ließ sich eine zunehmende Globalisierung der Finanzmärkte beobachten[51].

Alle diese Entwicklungen beeinflußten nachhaltig die Bewegungen der Kapitalströme. Das bedeutet, die Märkte funktionieren nach veränderlichen Regeln[19, 22, 23, 32]. Wer also auf Dauer an den Märkten erfolgreich agieren will, muß fähig und bereit sein, sich immer wieder neuen Regeln anzupassen. Das Konzept der Neuronalen Netze bietet dem Investor das geeignete Rüstzeug[19, 32].

Wie schnell sich die Regeln für die Märkte ändern, läßt sich nicht voraussagen. Bisher scheint es eher Jahre als Monate zu dauern, bis ein gut trainiertes Neuronales Netz aufgrund veränderter Marktregeln überarbeitet werden muß. Im Handbuch für das Programm NeuroShell™ 4.1 wird ein Neuronales Netz erwähnt, das mit Daten aus den Jahren 1974 bis 1979 trainiert wurde und für das Jahr 1980 den Stand des S&P 500 mit einem Fehler von 4 % einen Monat vorhersagen konnte. Ein anderer Autor[32] schreibt, er habe zu Beginn der neunziger Jahre ebenfalls ein Jahr nach dem letzten Training seines Neuronalen Netzes noch sehr gute Vorhersagen für den S&P 500 treffen können.

3.2 Datenbeschaffung

Datenbeschaffung und Datenauswahl bedingen einander, so daß sich die beiden Bereiche nicht völlig isoliert betrachten lassen. Natürlich muß man die Daten, die man auswählt, auch in geeigneter Weise beschaffen können und zwar für lange Zeiträume, was manchmal vergessen wird. Somit kann die Möglichkeit, Daten zu beschaffen im nachhinein die Datenauswahl bestimmen.

Die aktuellen Daten kann man den Fachzeitschriften entnehmen. Ich verwende vorwiegend wöchentliche Daten und diese beziehe ich überwiegend aus zwei Quellen: Für den amerikanischen Markt aus der amerikanischen Wochenzeitung *Barron's* und für den Rest der Welt aus dem englischen *The Economist*. Für den asiatischen Raum, der künftig als Weltwirtschaftsfaktor immer mehr an Bedeutung erlangen wird, verwende ich die *Far Eastern Economic Review* und das *Asian Wallstreet Journal*. Ab Januar 1994 enthält auch *The Economist* Angaben zu den sogenannten „Emerging Markets", den aufkommenden Märkten, in Asien, Lateinamerika und Osteuropa. Natürlich sind Zeitungen, die täglich erscheinen, wie *Handelsblatt, Börsenzeitung, Financial Times, Wall Street Journal* und andere, ebenfalls geeignete Informationsquellen. Wer tägliche Daten verwenden und sich nicht ausschließlich mit dem Eingeben dieser Daten beschäftigen möchte, sollte sich besser an Datendienste wenden. Neben den kommerziellen Datendiensten, die man beispielsweise über das amerikanische Compuserve™ Datennetz erreichen kann, gibt es auch kostengünstige Informationen von einigen Banken und Zeitungen, beispielsweise über DATEX-J/BTX. Allerdings ist die Datenauswahl recht eingeschränkt.

Daten aus den vergangenen Wochen, Monaten und Jahren werden ebenfalls von Datendiensten angeboten, auf Disketten und zunehmend auch auf CD. Eine Reihe von Daten zu verschiedenen Märkten sind auch vom Autor dieses Buches erhältlich (siehe Anhang). Wer die Mühe nicht scheut, kann sich aus den Bibliotheken, beispielsweise des Hamburger Weltwirtschaftsarchivs HWWA, oder aus der ebenfalls in Hamburg ansässigen Kommerzbibliothek die gewünschten Informationen beschaffen. Fundamentale Daten, auch über etwas exotischere Länder, können interessant für Anleger sein, die in entsprechende Länderfonds investieren möchten. Dazu findet man etwas in den Monatsberichten der OECD und den Finanzjahrbüchern des Internationalen Währungsfonds und der Weltbank, die ebenfalls auf elektronischen Datenträgern angeboten werden.

Sie kennen nun einige Voraussetzungen, die Daten erfüllen müssen, damit sie in Neuronalen Netzen verwendbar sind. Sie wissen, wo Sie diese Daten beschaffen können. Doch bevor Sie beginnen können, ein Neuronales Netz damit zu trainieren, müssen die Daten noch programmgerecht aufbereitet werden. Das hört sich nach viel Arbeit an, ist jedoch recht einfach und schnell durchzuführen. Ein

Kalkulationsprogramm, wie Lotus 1–2–3™, Quattro Pro™, MS Works™ As-Easy-As™ oder andere, ist dabei eine große Hilfe.

3.3 Datenaufbereitung

Beinahe so wichtig, wie die Daten selbst, ist ihre richtige, d. h. programmgerechte Aufbereitung für die Eingabe in ein Neuronales Netz[32,49]. Die Datenaufbereitung umfaßt folgende drei Arbeitsgänge:

- Festlegen von Wertebereichen
- Beseitigen von Trendeinflüssen
- Normalisieren der Daten

Die Daten müssen in einem bestimmten Wertebereich liegen und diesen Wertebereich sollte man möglichst so eng wählen, daß etwa 95 % der Datenwerte in den gewählten Bereich fallen. Je enger man den Wertebereich wählt, umso schärfer werden die Aussagen des Netzes. Die seltenen Ausreißer, die jenseits der Grenzen des Wertebereichs liegen, werden jedoch nicht aus der Menge der Trainingsdaten ausgeschlossen, sondern ihnen wird, statt des tatsächlichen Wertes, der obere bzw. der untere Grenzwert zugewiesen.

Damit man überhaupt einen sinnvollen Wertebereich festlegen kann, muß man zuerst eine eventuelle Trendkomponente aus den Daten entfernen[21,37]. Aktienindizes bzw. Aktienkurse sind Beispiele für Datenmengen, die einen eindeutigen, gleichgerichteten Trend zeigen. In einem solchen Fall erreicht man meistens einen vernachlässigbar kleinen Trendeinfluß, indem man statt der Kurse selbst ihre Veränderung über die Zeit eingibt. Auf diese Weise erhält man Werte, die in festlegbaren Grenzen um einen bestimmten Mittelwert schwanken.

Ein Beispiel: Der Dow Jones-Index bewegte sich zu Anfang der achtziger Jahre etwa um 2000; Anfang 1994 stand er knapp unter 4000. Wenn man den Wertebereich für den Dow Jones-Index so wählt, daß er zwischen 2000 und 4000 liegen kann, so hat das gleich mehrere nachteilige Folgen. Zum einen kann es sein, daß der Index weiter steigt, so daß das Netz für alle Werte über 4000 keine Aussagen machen kann, da sie gleichbedeutend mit dem Maximum sind. Zum anderen bewirkt die nichtlineare Aktivierungsfunktion für die Neuronen, daß die Wertunterschiede im Bereich der Extremwerte nur einen geringen Einfluß auf den Aktivierungszustand der Neuronen haben, während die Wertdifferenzen im Bereich des Mittelwertes einen großen Einfluß auf den Aktivierungszustand des Neurons ausüben. Das bedeutet, für das Neuronale Netz ist ein Indexstand von 2000 fast das gleiche wie einer von 2200, ebenso besteht kaum ein Unterschied zwischen Indexständen von 3800 und 4000. Dagegen ist für das gleiche Netz die Differenz zwischen Index 2900 und 3100 ein Riesenunterschied.

Es ist wohl einsichtig, daß für den Investor diese unterschiedliche Behandlung der verschiedenen Werte durch das Neuronale Netz nicht annehmbar ist. Aber man kann sich recht einfach behelfen. Den Investor interessieren die Absolutstände eines Index ohnehin nicht sonderlich. Wichtig ist, ob der Index sich gegenüber dem aktuellen Stand verändert. Noch wichtiger ist, in welche Richtung sich der Index bewegt, ob er steigt oder fällt, und wünschenswert ist zu wissen, um welchen Betrag sich der Index verändert. Wenn die Kursdifferenzen gering sind, werden die Kursgewinne womöglich von den Transaktionskosten nicht nur vollständig aufgezehrt, sondern sie führen sogar zu einem Verlust.

Setzt man den Indexstand für einen beliebigen Zeitpunkt als 100 % und bezieht darauf die Werte in der Vergangenheit, dann wird man feststellen, daß beispielsweise die Werte für einen Zeitpunkt 4 Wochen davor zwischen 90 % und 110 % liegen, die Werte vor 2 Monaten zwischen 85 % und 115 % und etwa vor 6 Monaten im Bereich von 75 % bis 125 %. Diese Wertangaben sind willkürlich, aber sie liegen in der richtigen Größenordnung. Der Mittelwert liegt meist sehr dicht bei 100 %, d. h. es ist dann kaum mehr ein Trend erkennbar. Ich habe diese Untersuchungen für jede Woche von Anfang 1986 bis Ende 1993 mit den verschiedensten Indizes, Zinsraten, Wechselkursen, Goldpreis usw. vorgenommen und bin immer zu ähnlichen Ergebnissen gekommen. Statt prozentuale Änderungen zu verwenden, wird auch empfohlen, den Logarithmus der Änderungen einzusetzen[37].

Wo die Daten zyklischen Charakter besitzen, also in bestimmten Grenzen Auf- und Abschwünge zeigen, z. B. Zinsen, Inflation, Goldpreis, Wirtschaftswachstum, Rohstoffpreise und Währungskurse, kann man diese direkt verwenden. Sie sind sogar, sofern erhältlich, den relativen Werten, die ich im letzten Abschnitt besprochen habe, vorzuziehen. Meistens haben sie für ein Netz die größere Bedeutung. Auch diese Daten könnten logarithmiert werden[32].

Eine weitere Möglichkeit, einem Neuronalen Netz sinnvolle Eingaben zu präsentieren, ist die, Abweichungen von gleitenden Durchschnittswerten einzugeben. Aktienindizes und auch einzelne Aktien schwanken in der Regel verschieden stark um ihre gleitenden Durchschnittswerte. Viele Anleger orientieren sich z. B. am Durchschnitt der letzten 200 Tage (Börsentage) bzw. der letzten 40 Wochen. Meist betragen die Abweichungen nach oben oder nach unten weniger als 10 %. Auch die Veränderungen der gleitenden Durchschnitte kann man dem Netz eingeben und diese Veränderungen für Perioden verschiedener Länge verwenden.

Manchmal ist es wünschenswert zu wissen, ob Daten einen Trend zeigen, und das Netz kann bessere Aussagen machen, wenn es weiß, daß es einen Trend gibt. Beispielsweise ist es nicht unerheblich zu wissen, ob die Zinsen oder die Rohstoffpreise einen Trend zeigen und in welche Richtung der Trend weist.

Wenn Sie Trends eingeben wollen, dann müssen Sie die Werte für die verschiedenen Zeitpunkte im gleichen Datensatz anbieten. Ein gewöhnliches Neuronales Netz (es gibt Ausnahmen) stellt nur Beziehungen zwischen verschiedenen Daten innerhalb des gleichen Datensatzes her. Es ist wichtig, dies zu verstehen, darum möchte ich ein Beispiel geben.

Nehmen wir an, Sie geben wöchentliche Daten ein: Den Aktienindex der ersten Januarwoche 1993, den langfristigen Zinssatz der gleichen Woche, den Goldkurs jener Woche usw. Dies sind Ihre Eingabewerte; der dazugehörige Ausgabewert sei der Aktienindex für die erste Februarwoche 1993, weil Sie das Netzwerk trainieren wollen, den Indexstand um 4 Wochen vorherzusagen. Die Eingabewerte der Woche und der Ausgabewert bilden zusammen einen Datensatz. Wenn Sie dem Netz die zeitliche Entwicklung beispielsweise des Aktienindex oder der Zinsen in der jüngeren Vergangenheit mit eingeben wollen, dann müssen Sie die alten Werte mit in diesen Datensatz aufnehmen, sagen wir die Indexstände vor 2 Wochen und vor 6 Wochen und die Zinssätze für diese beiden Zeitpunkte. Für die Datensätze vor zwei bzw. sechs Wochen haben Sie die Werte zwar bereits angegeben, aber zusammen mit anderen Ein- und Ausgabewerten, also in anderen Datensätzen. Zwischen den verschiedenen Datensätzen stellt das Netz jedoch keine Verbindungen her.

Wenn für alle Daten die Wertebereiche festgelegt sind, ist noch eine weitere Umwandlung der Daten nötig, bevor sie für das Netzwerktraining eingesetzt werden können: Die Daten müssen normalisiert werden, d. h. alle Daten müssen so umgeformt werden, daß sie nur Werte zwischen 0 und 1 bzw. zwischen −1 und +1 annehmen. Auch das ist mit der Hilfe eines Kalkulationsprogrammes ein Kinderspiel. Welcher Wertebereich gefordert wird, hängt von der Art der Aktivierungsfunktion für die Neuronen ab. Ich werde später noch näher darauf eingehen; hier sei nur soviel gesagt: Die am häufigsten verwendete Aktivierungsfunktion ist die logistische Funktion. Diese erfordert eine Normalisierung auf Werte zwischen 0 und 1. Für die seltener benutzten Aktivierungsfunktionen, wie Tangens hyperbolicus und Sinusfunktion, werden die Werte im Bereich von –1 bis +1 normalisiert.

Die allgemeinen Umrechnungsformeln für die Normalisierungen sind folgende:

Für die Normalisierung zwischen 0 und 1 gilt in Worten: Eingabewert minus unterer Grenzwert, geteilt durch die Differenz aus dem oberen Grenzwert und dem unteren Grenzwert, ergibt den normalisierten Eingabewert.

$$\frac{(\text{Eingabewert} - \text{unterer Grenzwert})}{(\text{oberer Grenzwert} - \text{unterer Grenzwert})}$$

Beispiel: Eingabewert = 180, oberer Grenzwert = 250,
unterer Grenzwert = 150.

$$\frac{(180-150)}{(250-150)} = \frac{30}{100} = \underline{\underline{0.3}}$$

Für die Normalisierung zwischen –1 und +1 gilt in Worten: Man bildet die Differenz zwischen Eingabewert und unterem Grenzwert und multipliziert diese mit 2. Das Produkt wird geteilt durch die Differenz zwischen oberem Grenzwert und unterem Grenzwert. Der Quotient minus 1, ergibt den normalisierten Eingabewert.

$$\frac{(\text{Eingabewert} - \text{unterer Grenzwert}) * 2}{(\text{oberer Grenzwert} - \text{unterer Grenzwert})} - 1$$

Beispiel: Eingabewert = 180, oberer Grenzwert = 250,
unterer Grenzwert = 150.

$$\frac{((180-150) * 2)}{(250-150)} - 1 = \frac{60}{100} - 1 = 0.6 - 1 = \underline{\underline{-0.4}}$$

Wenn das verwendete Kalkulationsprogramm die Möglichkeit bietet, Werte, die über oder unter einem Grenzwert liegen, hervorzuheben, dann sollte man diese nutzen. Es erleichtert das Auffinden der Ausreißer in den Eingabedaten. Denn wenn man Werte verarbeitet, die jenseits der Grenzwerte liegen, dann erhält man bei der Normalisierung auch Werte jenseits von 0 und 1 bzw. –1 und +1. Diese muß man dann manuell abändern und statt der errechneten Werte die zutreffenden Grenzwerte eingeben.

Man sollte sich notieren, wie man die Grenzwerte gewählt hat. Entweder man legt sich eine Extra-Datei dafür an, oder man reserviert im Kalkulationsprogramm 2 Zeilen für Minimum- und Maximumwerte. Es kann sein, daß man später die gleichen Eingaben noch für ein anderes Netz verwenden will und dann muß man die Berechnungen nicht mehrfach durchführen. Auf jeden Fall muß man wissen, welche Grenzwerte man für die Ausgabe gewählt hat, denn das Netz gibt einen normalisierten Ausgabewert zurück, den man erst umrechnen muß, um ihn interpretieren zu können.

Die Zurückverwandlung der normalisierten Werte ist genau so einfach wie die Normalisierung selbst. Im Folgenden verwende ich wieder die gleichen Beispiele wie oben, um die Umrechnung vorzuführen.

Für die Zurückrechnung von normalisierten Ausgabewerten zwischen 0 und 1 auf die nicht normalisierte Form gilt in Worten: Ausgabewert multipliziert mit der Differenz aus oberem Grenzwert minus unterem Grenzwert. Dazu wird der untere Grenzwert addiert.

(Ausgabewert * (oberer Grenzwert – unterer Grenzwert)) +
unterer Grenzwert

Beispiel: (0.3 * (250 – 150)) + 150 = 30 + 150 = <u>180</u>

Für Zurückrechnung eines normalisierten Ausgabewertes zwischen –1 und +1 auf die nicht normalisierte Form gilt in Worten: Zum Ausgabewert wird 1 addiert. Die Summe wird multipliziert mit der Differenz aus oberem Grenzwert minus unterem Grenzwert. Das entstandene Produkt wird durch 2 geteilt und dann der untere Grenzwert addiert.

$$\frac{(\text{Ausgabew.} + 1) * (\text{ob. Grenzw.} - \text{unt. Grenzw.}) + \text{unt. Grenzw.}}{2}$$

Beispiel: $\dfrac{(-0.4 + 1) * (250-150)}{2} + 150 = \dfrac{0.6 * 100}{2} + 150 = \underline{180}$

Damit ist die Rückumwandlung abgeschlossen. Die Umwandlung kann man natürlich durch ein Kalkulationsprogramm berechnen lassen. Einige Netzwerkprogramme, darunter auch das von mir verwendete, erlauben Eingabe und Ausgabe im Kalkulationsblattformat. Auf jeden Fall sollten die Datensätze fertig normalisiert sein, bevor sie zum Trainieren des Neuronalen Netzes verwendet werden. Sofern man den Quellcode für ein Netzwerkprogramm besitzt, könnte man diese Funktion durch entsprechende Programmierung zwar auch in das Netzwerkprogramm einbauen, doch davon ist dringend abzuraten. Der Grund dafür ist folgender: Wenn das Netz lernt, werden die Datensätze nicht nur einmal, sondern manchmal vieltausendfach durchgearbeitet. Jedesmal müßte dann das Programm die Umrechnungen von neuem vornehmen. Das würde die Trainingsphase unnötig verlängern.

4. Entwerfen eines Neuronalen Netzes

Wenn die Daten ausgewählt und aufbereitet sind, kann man ein geeignetes Neuronales Netz entwerfen. Noch gibt es keine solide theoretische Grundlage für den optimalen Aufbau eines Neuronalen Netzes für ein gegebenes Problem. Die Inspiration und Erfahrung des Netzwerkdesigners ist ausschlaggebend für die Qualität des Netzes[5]. Das heißt, die Netze werden wahrscheinlich umso besser, je mehr man ausprobiert und je öfter man etwas neues versucht.

Im Folgenden werde ich einige Probleme aufwerfen, die das Design eines Neuronalen Netzes betreffen und mögliche Lösungen kurz diskutieren.

Im allgemeinen gibt es zwei Ansätze, um die optimale Netzwerkarchitektur zu finden[12]. Die eine geht von einem Netz aus, das größer ist als erforderlich, und dieses wird trainiert, die gewünschte Musterzuordnung zu lernen. Dann werden einzelne Neuronen entfernt, die nicht benutzt werden oder deren Verbindungsgewichte klein sind. Durch diesen Prozeß des Beschneidens und Zurechtstutzens wird das Netz allmählich verkleinert. Der Nachteil dieses Ansatzes ist, daß man zunächst mit einem zu großen Netz arbeitet und das ist schlecht für den Computer, weil er an großen Netzen lange rechnet. Zum anderen kann es sein, daß man beim Verkleinern bei einer Zwischenlösung hängenbleibt, die nicht glatt in eine optimale Struktur überführt werden kann.

Der zweite Ansatz kommt von der entgegengesetzten Richtung. Man beginnt mit einem kleinen Netzwerk und fügt allmählich Neuronen hinzu, bis eine Lösung gefunden wird. Wenn sie mit der nötigen Sorgfalt durchgeführt wird, führt diese Methode garantiert zum kleinsten möglichen Netzwerk, das die Aufgabe bewältigt, zumindest bei Netzwerken mit nur einer Schicht verborgener Neuronen[12]. Jedesmal nachdem ein weiteres Neuron hinzugefügt wird, muß das Netz von neuem trainiert werden, um sicherzustellen, daß das Netz nur dann vergrößert wird, wenn die vorhandene Architektur nicht zum Konvergieren des Netzes führt.

4.1 Anzahl der Neuronen

Anzahl der Eingabeneuronen

Für jeden Eingabeparameter benötigt das Netz ein Eingabeneuron. Man sollte nur solche Eingaben machen, die dem Netz zusätzliche neue Information liefern[29, 32], denn ein Netz mit vielen Neuronen muß mehr und damit auch länger rechnen als eines mit weniger Neuronen. Andererseits ist ein Netz mit mehr Eingangsneuronen stabiler, d. h. weniger fehleranfällig als eines, das weniger davon besitzt. Wir haben schon beim Besprechen der Datenauswahl einige mögliche Kriterien genannt, nach denen man die Eignung eines Parameters vorläufig beurteilen kann. Die Auswahl ist deshalb nur vorläufig, weil wir erst bei der Analyse des Netzes sicher feststellen können, ob ein Parameter geeignet ist oder nicht, doch dazu mehr in einem späteren Kapitel.

Anzahl verborgener Neuronen

Wieviele verborgene Neuronen ein Neuronales Netz haben soll, läßt sich nicht im voraus genau bestimmen. Als Orientierungspunkt nimmt man die Anzahl der Eingabeneuronen oder zusätzlich noch die Anzahl der Ausgabeneuronen. Wie groß die Unsicherheit auf diesem Gebiet ist, zeigt die Schwankungsbreite der Empfehlungen. Es heißt, die Anzahl der verborgenen Neuronen liegt zwischen der Hälfte und dem Zehnfachen der Anzahl der Eingabeneuronen[29, 32, 37]. Im Handbuch für das Programm NeuroShell™ wird folgende Faustformel für die Anzahl der verborgenen Neuronen genannt: 2 * (Quadratwurzel aus n), wobei n die Summe von Eingabeneuronen + Ausgabeneuronen bedeutet. Auch dies ist keine in jedem Falle verbindliche Regel. Weiterhin gilt, daß die absolute Zahl der verborgenen Neuronen klein gehalten werden soll, wenn man ein Netz wünscht, das gut generalisieren kann[12]. Wir fordern von unseren Neuronalen Netzen vor allem diese Fähigkeit, darum werden wir uns im folgenden Abschnitt näher mit dem Problem der Generalisierung befassen.

Kann ein Neuronales Netz auch die Eingabemuster den entsprechenden Ausgabemustern korrekt zuordnen, die nicht in den Trainingsdatensätzen enthalten waren? Diese Fähigkeit, das erworbene Wissen in sinnvoller Weise zu verallgemeinern, analog zu schließen, verstehen wir unter dem Begriff „generalisieren"[12, 14]. Die Erfahrung hat gezeigt, daß es Neuronalen Netzen oftmals gelingt, dieses Ziel zu erreichen, aber nicht immer und manchmal nur zum Teil.

Grundsätzlich gilt: Ein Neuronales Netz kann nur dann generalisieren, wenn die neuen und bis dahin unbekannten Eingaben nicht zu sehr von den Beispielen abweichen, die das Netz in der Lernphase gesehen hat. Auch wächst die Anzahl der Beispiele, die benötigt werden, um ein Netz generalisieren zu lassen, etwa linear mit der Anzahl der verborgenen Neuronen[12].

Eine Generalisierung, d. h. die Zuordnung von Mustern nach bestimmten Regeln, ist nie die Lösung schlechthin, also die einzig gültige. Es gibt immer mehrere Möglichkeiten zu verallgemeinern. Jedesmal wenn wir das Regelwerk einschränken, indem wir verborgene Neuronen entfernen, müssen wir wieder neu vereinbaren, welche Verallgemeinerung annehmbar ist und welche nicht.

Irgendwo zwischen zwei Extremen müssen wir die goldene Mitte finden. Wenn die Anzahl der verborgenen Neuronen zu klein ist, dann kann keine Kombination von Verbindungsgewichten die genaue Verknüpfung von Eingabe und Ausgabe herstellen und das Netz wird in der Lernphase versagen, weil es gezwungen ist, bei seinen Aussagen zu grob zu verallgemeinern. Wenn die Anzahl der verborgenen Neuronen zu groß ist, dann gibt es viele mögliche Regeln, Eingabemuster und Ausgabemuster miteinander zu verknüpfen. Doch die meisten dieser Regeln werden nur für den Einzelfall gelten und nicht auf neue Eingabemuster mit gleichem Erfolg anwendbar sein. Diese Netze werden in der Betriebsphase versagen, weil sie nur auswendig lernen, statt wirklich zu begreifen[10].

Ob ein Netz in unserem Sinne generalisieren kann oder nicht, können wir dadurch prüfen, daß wir einen Teil der vorhandenen Datensätze, etwa zehn bis zwanzig Prozent, nicht zum Trainieren des Netzes verwenden, sondern für spätere Tests mit dem trainierten Netz zurückhalten[20, 33]. Das Netz hat die Daten nie gesehen und kann nur dann eine Prognose mit vertretbar kleinem Fehler machen, wenn es in der Lage ist, zu generalisieren.

Anzahl und Art der Ausgabeneuronen

Am besten nimmt man nur ein Ausgabeneuron und macht sich für jede gewünschte Prognose ein darauf spezialisiertes Netz. Ein Netz kann nicht gleichzeitig verschiedene Ausgaben optimieren. Man kann dies nicht nur theoretisch begründen, sondern auch praktisch leicht zeigen. Es kann den Gesamtfehler minimieren, aber dies ist im-

mer ein Kompromiß, weil die Verbesserung der einen Aussage
gleichzeitig eine Verschlechterung der anderen Aussagen bewirkt.
Ich werde später noch Beispiele zeigen, die diese Behauptung bele-
gen.

4.2 Ausgabe des Neuronalen Netzes

Nehmen wir an, wir hätten uns für nur ein Ausgabeneuron entschie-
den. Nun müssen wir uns klar werden, welche Ausgabe wir wünschen. Die Aussage des Netzes soll uns eine Entscheidungshilfe für
Wertpapiergeschäfte geben, somit fällt eine Ausgabe weg, die nur angibt, ob ein Kurs steigt oder sinkt. Das allein reicht nicht aus, um sagen zu können, ob es sich lohnt, zu kaufen oder zu verkaufen. Man
muß wenigstens wissen, ob die Kursänderungen ausreichen würden,
um trotz der anfallenden Transaktionskosten einen Kursgewinn zu
erzielen. Da die zu erwartenden Bewegungen jedoch nicht garantiert, sondern mit einem gewissen Risiko behaftet sind, muß man sie
den garantierten Erträgen aus Festgeldanlagen oder Anleihen gegen-
überstellen. Leider können sich diese Renditen vergleichsweise
schnell ändern, darum wäre es nicht sinnvoll, einen festen Schwellenwert anzugeben, dessen Überschreitung uns das Netz melden soll.
Meine Empfehlung ist deshalb, das Netz soll eine Aussage darüber
machen, auf wieviel Prozent der Kurs zum Prognosezeitpunkt stehen wird, wenn man den aktuellen Kurs mit 100 % annimmt. Das
gibt uns eine verwertbare Aussage, die uns immer noch alle Möglichkeiten offen läßt, abzuwägen, welche Anlageentscheidung die beste
ist.

4.3 Anzahl der Schichten des Neuronalen Netzes

Im wesentlichen ist dies die Frage nach der Anzahl der Schichten mit
verborgenen Neuronen, denn jedes Netz besitzt eine einzige Schicht
mit Eingabeneuronen und auch nur eine Ausgabeschicht. Ein drei-
schichtiges Netz, d.h. mit einer Schicht verborgener Neuronen,
reicht in aller Regel aus, um die Probleme zu lösen. Es ist daher üblich, ein Netzwerk anfangs mit nur einer verborgenen Schicht zu
konstruieren. Es wurde wissenschaftlich nachgewiesen, daß im Prinzip eine Schicht verborgener Neuronen ausreicht und zwar für jedes

beliebige Problem[52]. Diese Erkenntnis ist für die Praxis jedoch nur von begrenztem Nutzen. Denn es kann sein, daß die Lösung derartig viele Neuronen erfordert, daß ein Personalcomputer hoffnungslos überfordert wäre, das sich ergebende Neuronale Netz zu berechnen[12]. Nimmt man eine zweite verborgene Schicht hinzu, dann kommt das Netz mit sehr viel weniger Neuronen aus. Allerdings bieten nicht alle Programme die Möglichkeit, Netze mit mehr als einer Schicht verborgener Neuronen zu erstellen. Zudem wird die Analyse eines solchen Neuronalen Netzes wesentlich schwieriger.

5. Trainieren eines Neuronalen Netzes

5.1 Voreinstellungen

Nachdem das Design des Neuronalen Netzes feststeht und bevor man beginnt, das Netz zu trainieren, sind noch einige weitere Angaben zu machen, die den Trainingsprozeß des Netzes wesentlich beeinflussen.

Bei allen Finanzprognosen und bei vielen anderen Beispielen ist es unmöglich, ein geeignetes Neuronales Netz zu finden, das keine Fehler macht, selbst wenn man es unendlich lange trainieren würde. Der Grund dafür ist, daß die Daten sich teilweise widersprechen. Darum ist es sinnvoll, eine Fehlerschwelle anzugeben, bei deren Unterschreitung das Netz aufhört zu trainieren. In der Trainingsphase wird das Netz solange die Gewichtung der Verbindungen zwischen den Neuronen verändern, bis dieser größte tolerierbare Fehler unterboten ist, oder, falls dies nicht möglich ist, irgendwo in der Nähe eines Minimums auf der Stelle treten.

Man sollte sich auch klar machen, wie der Fehler berechnet wird. Es sind Programme im Handel, die verschiedene Möglichkeiten der Fehlerberechnung anbieten. Wie die Fehler bewertet werden, ist entscheidend für das Lernen des Neuronalen Netzes. Die Fehlerbewertung kann verschieden sein, beispielsweise linear, quadratisch oder aber zur dritten Potenz. Üblich ist der quadratische Fehler. Das hat gleich zwei Vorteile gegenüber der linearen Bewertung.

Erstens werden durch das Quadrieren aus positiven und negativen Werten immer postive Werte. Das heißt, negative und positive Abweichungen können sich beim Summieren nicht gegenseitig aufheben.

Zweitens bestraft das Quadrieren eine große Abweichung überproportional. Die doppelte Abweichung bedeutet den vierfachen Fehler, die dreifache Abweichung den neunfachen Fehler. Dadurch wird das Programm angewiesen zu lernen, möglichst wenig große Fehler zu machen. Dafür werden lieber viele kleine in Kauf genommen. Noch extremer wird dies, wenn der Fehler mit der dritten Potenz der Abweichung steigt.

Diese Art der Fehlerberechnung besitzt unbestreitbare Vorzüge, doch sie ist nicht ohne Tücken. Sie läßt die Fehler nämlich kleiner erscheinen, als sie wirklich sind. Weil die Ausgabewerte des Netzes normalisiert werden, sind sie alle kleiner als 1, falls die logistische Aktivierungsfunktion oder die Funktion des Tangens hyperbolicus verwendet werden. Dies hat zur Folge, daß das Quadrat oder mehr noch die dritte Potenz der Abweichung einen kleineren Wert ergibt als der Basiswert.

Beispiele für Fehlerquadrierung:
Abweichung = 0,1 $(0{,}1)^2$ = 0,01
Abweichung = 0,01 $(0{,}01)^2$ = 0,0001

Welcher absolute Fehlerwert aus diesen Quadraten der Abweichungen errechnet wird, hängt von zwei Parametern ab: Erstens von der Anzahl der Ausgabewerte pro Datensatz; denn je mehr Ausgabewerte es gibt, desto mehr Fehler kann das Netz in jedem Datensatz machen. Zweitens hängt der Gesamtfehler von der Zahl der Trainingsbeispiele ab; denn wenn Sie ein Netz mit vielen Beispielen trainieren, kann es viele Fehler machen.

Ich hoffe, hiermit ist klar geworden, daß man aus dem vom Netzwerkprogramm angegebenen Fehler nicht auf die größte Abweichung zwischen Netzausgabewert und Trainingszielwert schließen kann. Gute Netzwerksimulationsprogramme bieten jedoch die Möglichkeit, sich für jeden Ausgabewert den dazugehörigen Fehler angeben zu lassen. Wenn man daraus die Abweichung errechnen will, muß man die Quadratwurzel ziehen, beispielsweise indem man die Werte von einem Kalkulationsprogramm umwandeln läßt.

Sie sollten nicht vergessen, daß die Fehlerangaben sich auf die Trainingsdaten beziehen. Wenn diese gut ausgewählt, d. h. repräsentativ sind, werden die Fehler des Netzes im gleichen Bereich liegen, auch wenn Sie es mit anderen Daten speisen. Dies kann man anhand der Testdaten überprüfen, die dem Netz in der Trainingsphase vorenthalten wurden. Meistens wird empfohlen 10 % bis 20 % der vorhandenen Daten zu Testzwecken zurückzuhalten[20], doch auch andere Zahlen werden genannt, z. B. ein Drittel Testdaten[53]. Es werden vereinzelt Angaben gemacht, die über das Verhältnis von Trainingsergebnis zu Testergebnis Auskunft geben, doch solche Daten sind immer mit Vorsicht zu genießen, da die Datenauswahl subjektiv ist, weil keine verbindlichen Auswahlkriterien existieren. Unter diesem Vorbehalt sind auch die Angaben in der Literatur[37] zu betrachten, daß bei einer Trainingsgüte von 90–100 % eine Testgenauigkeit von 60–70 % zu erwarten sei.

Alle Fehlerangaben für das Netz sind relativ. Sie beziehen sich immer nur auf den Wertebereich, den man für die Ausgabe gewählt hat. Nehmen wir an, wir wollten die Zinsänderung für langfristige japanische Staatsanleihen auf sechs Monate im voraus bestimmen. Unsere Datenanalyse habe gezeigt, daß die Zinsen innerhalb von 6 Monaten in der Größenordnung von +35 % bis −35 % schwanken können. Somit wäre unser Wertebereich = 70 %. Nehmen wir weiter an, der größte Fehler, des Netzes für einen bestimmten Datensatz im Training war 0,0002. Um daraus die Abweichung zu errechnen, ziehen wir die Quadratwurzel und erhalten 0,014. Unser Netz kann also bei seinen Prognosen um 0,014 * 70 % = 0.98 % (absolut) danebenliegen. Zwar können wir nicht wissen, ob das Netz zuviel oder zuwenig angibt, doch das ist nicht bedeutsam, da eine der beiden Möglichkeiten ein Irrtum zu unseren Gunsten wäre. Um das Beispiel zuende zu bringen, nehmen wir an, das Netz sage eine Änderung von minus 10 % voraus. Dann wird die tatsächliche Änderung im Bereich von −10,98 % und −9,02 % liegen.

Lernrate und Momentum

Die Lernrate ist ein Proportionalitätsfaktor für die Fehlerkorrektur an den Gewichten der Verbindungen zwischen zwei Neuronen. Wenn der Faktor groß ist, ändern sich die Gewichte in großen Sprüngen und das Netz lernt schnell.

Das Momentum ist ein Glättungsfaktor, der die Änderung der Gewichte abhängig macht von der vorangegangenen Korrektur. Dies soll verhindern, daß ein Netz, dessen Fehler sich dem Fehlerminimum nähert, die Verbindungsgewichte überkorrigiert und so nur am Rande des Minimums hin- und herschwingt, oszilliert.

Viele Autoren empfehlen eine Lernrate von 0,6 und einen Momentumfaktor von 0,9. Auch ich habe anfangs mit diesen Werten gearbeitet, verwende jetzt aber eine Lernrate von 0,4. Beim Trainieren einiger Neuronaler Netze stellte ich fest, daß diese auf einem hohen Fehlerniveau verharrten, wenn ich sie mit der größeren Lernrate trainiert hatte, während sie mit der kleineren Lernrate schnell ein niedriges Fehlerniveau erreichten. Wie kann das passieren?

Anfangs werden die Gewichte mit Zufallswerten initialisiert und darum ist der Fehler groß und somit sind die Korrekturwerte groß. Die Fehler sind auch nicht für jedes Beispiel gleich. Eine Korrektur, die für das eine Beispiel gut ist, kann für das nächste Beispiel eine Verschlechterung bewirken. In dieser frühen Trainingsphase kann sich das Netz verlaufen. Die Programme, die mit Fehlerrückführung arbeiten, und das sind praktisch alle, verwenden in der Regel das sogenannte Gradientenabstiegsverfahren für die Fehlerkorrektur. Dieses Verfahren wird an anderer Stelle in diesem Buch ausführlicher beschrieben, darum möchte ich hier darauf verzichten und nur die Konsequenzen zeigen. Dieses Verfahren bewirkt eine Anpassung der Gewichte immer in Richtung des nächsten Fehlerminimums. Dabei kann es sich um ein sogenanntes lokales Fehlerminimum handeln. Das Wort lokal bedeutet in diesem Fall, daß es in seiner Nähe keine Gewichtskonstellation gibt, die einen geringeren Fehler bewirken würde. Jede kleine Änderung an den Verbindungsgewichten würde demnach den Fehler nur vergrößern. Es gibt keine Garantie dafür, daß man das globale Minimum findet, also die Netzkonstellation, die von allen Möglichkeiten diejenige mit dem geringsten Fehler ist. Da hilft nur probieren.

Weil die Netze mit Pseudo-Zufallswerten initialisiert werden, sind die Ausgangspunkte für die Optimierung der Verbindungsgewichte und Schwellenwerte bei jedem neuen Lernprozeß verschieden. Es ist daher kaum zu erwarten, daß das Netz mehrmals im gleichen lokalen Minimum steckenbleibt, denn es gibt in der Regel mehrere davon. Wenn man also in mehreren unabhängigen Versuchen wiederholt die gleichen optimalen Netzkonstellationen ermittelt, hat man mit ziemlicher Sicherheit das globale Minimum erreicht.

5.2 Der Trainingsprozeß

Auch für das Trainieren eines Netzes sind einige Regeln bekannt, die erfahrungsgemäß zum Erfolg führen. Eine Autorin[9] schreibt, daß die Fehlerrate schnell abnimmt mit der Zunahme von Grenztrainingsdaten, das sind jene Daten, die den Extremwerten der jeweiligen Datenreihe nahekommen. Dazu könnte man zählen: Datensätze, bei denen die Zielausgabe in der Nähe von 0 oder 1 liegt, oder solche, bei denen jeweils ein bestimmter Eingabeparameter diese Werte annimmt. Auch Datensätze mit einer Zielausgabe von 0,5 können hilfreich sein für einen schnellen Trainingserfolg.

Daten für das Training sollten in zufälliger Reihenfolge dargeboten werden, nicht in chronologischer[9]. Da die Daten oft für gewisse Zeiten einem Trend folgen, könnte es geschehen, daß ein Neuronales Netz zunächst lernt, daß die Entwicklung nur in eine Richtung geht. Wenn es dann gut angepaßt ist, kommt die Trendumkehr und mit einem Mal soll es lernen, daß es nun in die andere Richtung geht. Wenn ein Netz beispielsweise zuerst mit den Daten von 1982 bis 1986 trainiert wird und dann mit den Daten für den Crash weitertrainiert wird, wird das Netz plötzlich Riesenfehler machen und kann nicht mehr zurück, weil es schon zu sehr spezialisiert ist auf die Prognose von Aufwärtstrends. Mit großer Wahrscheinlichkeit hat es sich dann in einem lokalen Minimum verlaufen, aus dem es kein Entkommen mehr gibt. Denn das Gradientenabstiegsverfahren zur Fehlerkorrektur erlaubt nur eine Änderung an den Verbindungsgewichten, die direkt zu einem kleineren Fehler führt; Umwege sind nicht erlaubt. Es gibt andere Lernverfahren, die diese Schwäche nicht besitzen; ich beschreibe sie an späterer Stelle.

Zum Glück besitzen die meisten Simulationsprogramme die Fähigkeit, Datensätze zufällig auszuwählen. Falls Ihr Programm diese Option nicht bietet, können Sie einen anderen Fehlerkorrekturmodus wählen. Das geschilderte Problem tritt nämlich vorwiegend dann auf, wenn die Verbindungsgewichte jedesmal nachdem ein Datensatz abgearbeitet wurde, gleich korrigiert werden; man nennt dies auch Korrektur nach jedem Zyklus (learning by cycle). Es ist eigentlich immer möglich, einen Korrekturmodus auszuwählen, bei dem die Gewichtsänderungen erst nach einem vollständigen Durchlauf aller Datensätze vorgenommen werden, auch Korrektur nach jeder Epoche genannt (learning by epoch).

Netzwerkprogramme wie das von mir vorwiegend verwendete NeuroShell™ verlangen, daß man alle für das Netzwerk relevanten Angaben in einer Konfigurationsdatei zusammenfaßt. Nach diesen Vorgaben wird dann das Netz initialisiert und mit Hilfe der Trainingsdatensätze trainiert.

Den Fortschritt des Trainingsprozesses kann man bei NeuroShell™ einmal an den Anzeigen für den bis dahin niedrigsten Fehler und den jeweils aktuellen Fehler ablesen. Außerdem ist die Abnahme des Fehlers grafisch durch ein Balkendiagramm dargestellt. Weiterhin wird die Uhrzeit seit Beginn des Trainings eingeblendet und die Anzahl der seither verabeiteten Datensätze. Hilfreich ist auch die Angabe, wieviele Datensätze seit der letzen Aktualisierung des kleinsten Fehlers trainiert wurden.

Das eingeblendete Protokoll des Trainingsprozesses kann helfen, frühzeitig die Güte eines Netzwerkkonzepts und damit die Qualität des zu erwartenden fertigen Netzwerkes abzuschätzen. Allgemein läßt sich sagen, daß die Netze oft umso besser werden, je schneller der Fehler zu Anfang abnimmt. Absolute Zeitwerte kann man dazu nicht angeben, denn sie hängen von der Rechnerleistung, der Lernrate und der Größe des einzelnen Datensatzes ab.

Wenn der Lernprozeß ins Stocken kommt bzw. sich stark verlangsamt, ist es Zeit, die Lernrate herabzusetzen. Sie können es daran ablesen, daß sehr viele Datensätze durchlaufen werden müssen, bevor ein neuer kleinster Fehler erscheint. Hat sich diese Zahl auf 30000 summiert, dann macht man sicher bessere Fortschritte mit einer kleineren Lernrate. Also senkt man von 0,4 auf 0,3 dann 0,2 und 0,1 bis auf 0,05. Es kann sein, daß der kleinste Fehler beim Trainieren mit einer kleineren Lernrate zunimmt, aber dafür nehmen die meisten anderen Fehler ab. Man sieht dies an den Zahlen für den jeweils aktuellen Fehler. Bei großer Lernrate gibt es eine starke Streuung zwischen dem niedrigsten und dem höchsten Fehler. Eine kleinere Lernrate ermöglicht eine bessere Feinabstimmung der Gewichte und verringert daher den durchschnittlichen und den Gesamtfehler. Die Fortschritte werden mit weiter sinkender Lernrate natürlich immer kleiner. Darum hat es wenig Zweck, die Lernrate noch unter 0,05 zu senken.

Wenn sich der gewünschte Lernerfolg nicht einstellen will, kann das verschiedene Ursachen haben. Es ist möglich, daß die Anzahl der verborgenen Neuronen nicht ausreicht, um das Problem zu lösen. Dann können zusätzliche verborgene Neuronen oder auch eine zweite Schicht verborgener Neuronen Abhilfe schaffen. Diese Vorgehensweise wird von verschiedenen Autoren befürwortet[12, 53], doch sie ist mit Vorsicht anzuwenden. Wenn die Anzahl der Verbindungsgewichte groß ist im Vergleich zur Anzahl der Trainingsdatensätze, dann kann es für das Neuronale Netz einfacher sein, sich die Trainingsdaten zu merken anstatt zu generalisieren[12, 29]. Netze mit diesen Eigenschaften werden als „übertrainiert" bezeichnet[53]. Sie sind zu sehr an die Trainingsdaten angepaßt und versagen beim Arbeiten mit Testdaten, die sie nicht kennen. Die Empfehlungen für Netzwerkentwürfe aus dem vorigen Kapitel sollen helfen, das Übertrainieren eines Neuronalen Netzes zu verhindern.

Es gibt, wie bereits oben angesprochen, noch andere, oft viel wirksamere Möglichkeiten, die Leistungen eines Netzes zu verbessern. In der Regel findet man nicht sogleich die optimalen Eingabeparameter und die bestimmen in großem Maße die Leistungsfähigkeit eines Neuronalen Netzes. Man kann es auch salopp formulieren wie die Amerikaner: „Garbage in – garbage out".

Damit kommen wir zur Analyse eines Netzes, die im nächsten Kapitel abgehandelt werden soll. Kritiker der Neuronalen Netze bemängeln, diese seien „black boxes", bei denen man nicht wisse, wie sie zu ihren Aussagen kämen. Sie werden sehen, daß der Vorwurf so nicht haltbar ist. Allenfalls gilt er für käufliche, trainierte Neuronale Netze, deren Aufbau dem Anwender unbekannt ist.

6. Analyse eines Neuronalen Netzes

Der menschliche Verstand tut sich schwer damit, komplexe Zusammenhänge zu begreifen. Das heißt, es ist uns einfach nicht möglich, die wechselseitigen Abhängigkeiten von zehn und mehr Parametern gleichzeitig zu erfassen. Aber genau das passiert in einem Neuronalen Netz und daraus ergeben sich die Schwierigkeiten, die Funktionsweise eines Neuronalen Netzes gedanklich nachzuvollziehen. Neuronale Netze lassen sich vollständig entschlüsseln[14]; es ist mühevoll und eher eine Aufgabe für Spezialisten, aber es geht. Wenn die Struktur eines Neuronalen Netzes bekannt ist und die Verbindungsgewichte und Schwellenwerte ebenfalls, dann lassen sich trainierte Neuronale Netze in regelbasierte Klassifizierungssysteme[54, 55] übersetzen. Dafür sind zumindest zwei bewährte Methoden bekannt[56, 57].

Das Entschlüsseln der Neuronalen Netze überlassen wir den Experten. Wir wollen hier die Analyse des Netzes nur insoweit betreiben, als es uns hilft, Schwachstellen zu finden, damit wir sie beheben und das Netz verbessern können.

Als erstes werden wir untersuchen, welche der von uns ausgewählten Eingabeparameter sich als wichtig und welche sich als weniger bedeutend für die Aussage des Neuronalen Netzes herausgestellt haben. Wir können dies an den Verbindungsgewichten zwischen den Eingangsneuronen und den Neuronen der verborgenen Schicht ablesen. Dazu summieren wir die Beträge der Gewichte eines Eingabeneurons zu allen verborgenen Neuronen auf. Wohlgemerkt, es sind die Beträge der Gewichte, die addiert werden, d.h. alle Gewichte, auch die mit negativem Vorzeichen zählt man zusammen, als hätten sie positive Vorzeichen. Die Summe der Beträge nennen wir den Einfluß eines Neurons. Das von mir verwendete Simulationsprogramm NeuroShell™ führt diese Rechnung automatisch durch und weist den Einfluß als „contribution" aus. Dieser absolute Einfluß eines Eingabeneurons hilft uns jedoch nicht viel weiter. Was wir benötigen ist eine Auskunft über den anteiligen Einfluß jeder Eingabe am Ergebnis. Dabei gehen wir so vor: Wir berechnen zunächst den Einfluß jedes Eingangsneurons, dann addieren wir die Einflüsse aller Eingangsneuronen und erhalten so den Gesamteinfluß. Nun können wir den relativen Anteil der verschiedenen Eingangsneuronen am Gesamteinfluß bestimmen, indem wir den Einfluß jedes einzelnen Neurons durch den Gesamteinfluß teilen. Wenn wir den Quotienten mit 100 multiplizieren, erhalten wir den prozentualen Anteil am Gesamteinfluß (100 %).

Beispiel:						
Eingangsneuron #1	Gewichte	–3,5	2,5	4,0	–1	
Eingangsneuron #2	–"–	1,0	–2	3,5	–2,5	
Eingangsneuron #3	–"–	–3,0	–1	–6	5	
Eingangsneuron #4	–"–	0,5	–0,5	0,2	–0,8	

Einflüsse (absolut):	prozentual:
#1 = 11	29,7 %
#2 = 9	24,3 %
#3 = 15	40,6 %
#4 = 2	5,4 %
Gesamteinfluß 37	100 %

Dies ist ein sehr einfaches Beispiel, aber es macht das Prinzip deutlich. Wir können sehen, daß der Eingangsparameter #3 den größten Einfluß hat, und der Parameter #4 den kleinsten. Offenbar sind die ersten drei Eingabeparameter für die Entscheidungen des Neuronalen Netzes wichtig und der vierte relativ unbedeutend.

Eine ähnliche Situation wird uns oft geboten, wenn wir zum ersten Mal ein Netz trainiert haben. Es gibt meistens einen oder mehrere Parameter, die im Vergleich zu den anderen einen geringen Einfluß ausüben. Wenn wir noch über weitere mögliche Eingangsparameter verfügen, die wir für das Netz bisher nicht verwendet haben, könnten wir versuchen, den oder die unbedeutenden Parameter gegen andere auszutauschen. Auf diese Weise kann man versuchen, das Netz schrittweise zu verbessern. Nach jedem derartigen Eingriff muß das Netz jedoch nochmals neu trainiert werden[12].

Es empfiehlt sich, Netze für verschiedene Prognosezeiträume zu erstellen. Das ist relativ einfach, denn die Netze werden sich ja nur in den Trainingsdaten für die Ausgabeneuronen unterscheiden. Wir haben davon den Nutzen, daß Netze, deren Prognosezeiträume sich überlappen, sich gegenseitig stützen oder widersprechen können. Dieses wiederum kann uns einen Hinweis auf die Zuverlässigkeit der jeweiligen Aussage geben. Wenn Sie die Einflüsse der verschiedenen Eingangsparameter für ein Netz betrachten, werden Sie feststellen, daß deren relative Bedeutung je nach Prognosezeitraum verschieden ausfällt. Addiert man die Einflußgrößen eines Parameters für alle Prognosezeiträume eines Netzes, dann erhält man ein Maß für die Güte bzw. die Bedeutung dieser Eingabe für den untersuchten Markt. Der Parameter mit der geringsten Bedeutung ist dann der erste Austauschkandidat.

An den Verbindungsgewichten der Neuronen läßt sich noch mehr ablesen. Netze, die sehr lange rechnen, haben oft hohe absolute Verbindungsgewichte. Diese Netze nennt man auch „paralysiert"[30], weil sie nicht recht vorankommen mit dem Lernprozeß, so als wären sie gelähmt. Solche Netze haben sich wahrscheinlich in einem lokalen Minimum verfangen, und eine Wiederholung des Trainings könnte bereits den Lernerfolg verbessern.

Wenn wir uns die Gewichte zwischen den verborgenen Neuronen und dem Ausgangsneuron ansehen, können wir genau wie vorher bei den Eingabeneuronen die jeweiligen Einflüsse der einzelnen verborgenen Neuronen ablesen. Wenn wir feststellen, daß ein Neuron nur einen geringen Einfluß auf die Ausgabe hat, können wir versuchen, es ganz wegzulassen. Denn je weniger verborgene Neuronen ein Netz besitzt, umso besser kann es generalisieren[12]. Auch in diesem Falle muß das Netz von neuem trainiert werden.

An späterer Stelle, unter Kapitel 10.3, werde ich noch Möglichkeiten vorstellen, wie sich auch trainierte Netze ausspionieren lassen, über deren inneren Aufbau man nichts weiß.

Nachdem man zu dem Schluß gekommen ist, das Netz habe die optimale Anordnung und sei ausreichend trainiert, kann man es mit den Testdaten prüfen. Wie sehr sich die Fehlergüte von Trainingsdaten und Testdaten unterscheiden, läßt sich nicht vorhersagen; es hängt sehr von der jeweiligen Auswahl ab. Wenn die Testdaten keine Sondersituationen enthalten, die das Netz beim Training nicht gesehen hat, dann sollten die Fehler in der gleichen Größenordnung liegen. Einige Autoren empfehlen, das Netz nicht sofort bis zum geringsten Fehler zu trainieren, sondern den Fehler stufenweise zu reduzieren. Bevor man das Netz weitertrainiert, solle man es zunächst abspeichern und einen Testlauf einschieben[20, 30, 32]. Dann solle man das Netz weitertrainieren bis zur nächsten Fehlerstufe und das ganze wiederholen. Man wähle schließlich die Netzwerkkonfiguration aus, die beim Testlauf die besten Ergebnisse erbracht hat.

Bei der Analyse des Netzes wird man auch auf die sogenannten Schwellenwert- oder Bias-Neuronen stoßen, siehe auch *Abbildun-*

gen 3 und *4*. Diese Neuronen plant man für das Netz nicht ein, sondern sie werden vom Netzwerkprogramm automatisch angelegt. Sie sind nötig, um mithilfe des Neuronenkonzeptes Schwellenwerte für die Aktivierung der anderen Neuronen zu verwirklichen, doch dazu später mehr. Die Verbindungsgewichte von den Bias-Neuronen werden bei unserer Analyse der relativen Einflüsse nicht mitgerechnet.

7. Beispiele für trainierte Neuronale Netze

Im Folgenden möchte ich einige konkrete Beipiele aus den verschiedenen Finanzmärkten detaillierter besprechen. Es sind dies Neuronale Netze für die Prognose des amerikanischen Standard & Poor's Index (S&P 500), für den Goldpreis, die Vorhersage des künftigen Wechselkurses DM/US-$ sowie der Entwicklung kurzfristiger und langfristiger Zinsen in Deutschland. Für alle Märkte werden wir jeweils zwei verschiedene Prognosezeiträume betrachten, zwei Monate und sechs Monate im voraus. Alle Netze wurden trainiert mit wöchentlichen Daten aus den vergangenen 8 Jahren.

Die Netze wurden für Demonstrationszwecke ausgewählt. Sie sollen am konkreten Einzelbeispiel zeigen, wie man ein Neuronales Netz analysieren kann und welche Erkenntnisse daraus gewonnen werden können. Es soll unter anderem demonstriert werden, daß die verschiedenen Eingabeparameter für verschiedene Prognosezeiträume unterschiedliche Bedeutung besitzen. Darum wurden für beide untersuchten Prognosezeiträume die gleichen Eingabeparameter verwendet. Außerdem soll gezeigt werden, daß ein Parameter auch bei gleichem Prognosezeitraum nicht für alle Länder einen gleich großen Einfluß hat. Alle vier vorgestellten Netze lassen sich ohne viel Mühe weiter optimieren. Dazu müssen nur einige der weniger einflußreichen Parameter gegen andere ausgetauscht werden.

Prognose des Standard & Poor's Index (S&P 500)

Es wurde der Standard & Poor's Index gewählt statt des bekannteren Dow Jones Industrial Average, weil in Deutschland Optionsscheine (OS), und zwar Put-OS und Call-OS, auf den S&P 500 gehandelt werden, nicht aber auf den DJIA. Ebenso können in Deutschland Gold- und Währungsoptionsscheine (Put und Call) auf den Kurs des US-$ sowie Zinsoptionsscheine erworben und veräußert werden. Die Prognosen der Neuronalen Netze können somit als Entscheidungshilfe für Erwerb oder Verkauf von Wertpapieren einschließlich ihrer Derivate genutzt werden.

In *Tabelle 1* sind alle verwendeten Eingabeparameter aufgeführt. Die Parameter im oberen Teil der Tabelle verwenden Daten, die unmittelbar aus den Angaben in der Zeitschrift *Barron's* hervorgehen. Die Pa-

Tab. 1: S&P 500-Prognose

Parameter	Kürzel	Herkunft
S&P 500 Index	–	*Barron's*
Treasury Bond Kurs (nearby futures)	bondakt	*Barron's*
Treasury Bill Kurs (nearby futures)	billakt	*Barron's*
T-Bill/Euro-Dollar (TED)-Spread	tedakt	*Barron's*
Commodity Research Bureau (CRB)-Index	crbakt	*Barron's*
Goldpreis (US-$ pro Feinunze)	goldakt	*Barron's*
S&P 500 Index-Änderung seit 4 Wochen	spdx1m	errechnet
S&P 500 Index-Änderung seit 13 Wochen	spdx3m	errechnet
S&P 500 Index-Änderung seit 26 Wochen	spdx6m	errechnet
T-Bond Kursänderung seit 4 Wochen	bondx1m	errechnet
T-Bond Kursänderung seit 13 Wochen	bonddx3m	errechnet
T-Bill Kursänderung seit 4 Wochen	billdx1m	errechnet
T-Bill Kursänderung seit 13 Wochen	billdx3m	errechnet
(TED)-Spread Veränderung seit 4 Wochen	teddx1m	errechnet
(TED)-Spread Veränderung seit 13 Wochen	teddx3m	errechnet
(CRB)-Index Veränderung seit 4 Wochen	crbdx1m	errechnet
(CRB)-Index Veränderung seit 13 Wochen	crbdx3m	errechnet
Goldkurs Veränderung seit 4 Wochen	golddx1m	errechnet
Goldkurs Veränderung seit 13 Wochen	golddx3m	errechnet

Tab. 2: S&P 500-Prognose, Eingabeparameter geordnet nach Einfluß in Prozent

2 Monate			6 Monate		
Eingabe	Einfluß in (%)	Summe der Einflüsse (%)	Eingabe	Einfluß in (%)	Summe der Einflüsse (%)
billakt	8,89	8,89	crbakt	12,18	12,18
bondakt	7,60	16,49	billdx3m	9,61	21,79
billdx1m	7,24	23,73	billakt	8,49	30,28
teddx3m	7,02	30,75	bondakt	7,76	38,04
crbakt	6,95	37,70	goldakt	7,20	45,24
goldakt	6,92	44,62	spdx3m	6,13	51,37
billdx3m	6,03	50,65	spdx6m	6,00	57,37
tedakt	5,72	56,37	crbdx3m	5,59	62,96
bonddx1m	5,54	61,91	billdx1m	4,94	67,90
crbdx1m	5,16	67,07	teddx3m	4,85	72,75
crbdx3m	5,07	72,14	golddx1m	4,68	77,43
bonddx3m	5,03	77,17	bonddx3m	4,60	82,03
spdx1m	4,69	81,86	bonddx1m	3,95	85,98
spdx3m	4,62	86,48	tedakt	3,55	89,53
teddx1m	3,60	90,08	spdx1m	3,50	93,03
spdx6m	3,53	93,61	golddx3m	2,54	95,57
golddx1m	3,29	96,90	teddx1m	2,36	97,93
golddx3m	3,10	100,00	crbdx1m	2,07	100,00

rameter im unteren Teil der Tabelle verwenden Daten, die durch Umrechnung der Originaldaten gewonnen werden.

In *Abbildung 5* sind die Einflüsse verschiedener Eingabeparameter auf den Standard & Poor's Index (S&P 500) als Balkendiagramm dargestellt. Prognostiziert werden soll die Änderung des Indexwertes in den kommenden zwei bzw. sechs Monaten. Aufgetragen ist der relative Einfluß der einzelnen Parameter in Prozent, alle Eingaben zusammen ergeben 100 %.

Ein erster grober Überblick offenbart bereits Gemeinsamkeiten und Unterschiede zwischen den beiden Prognosezeiträumen. Eine genauere Betrachtung erlaubt *Tabelle 2*, in der die Einflüsse der verschiedenen Eingabeparameter nach abnehmender Bedeutung geordnet aufgelistet sind, das heißt, die am weitesten oben stehenden Parameter sind die wichtigsten.

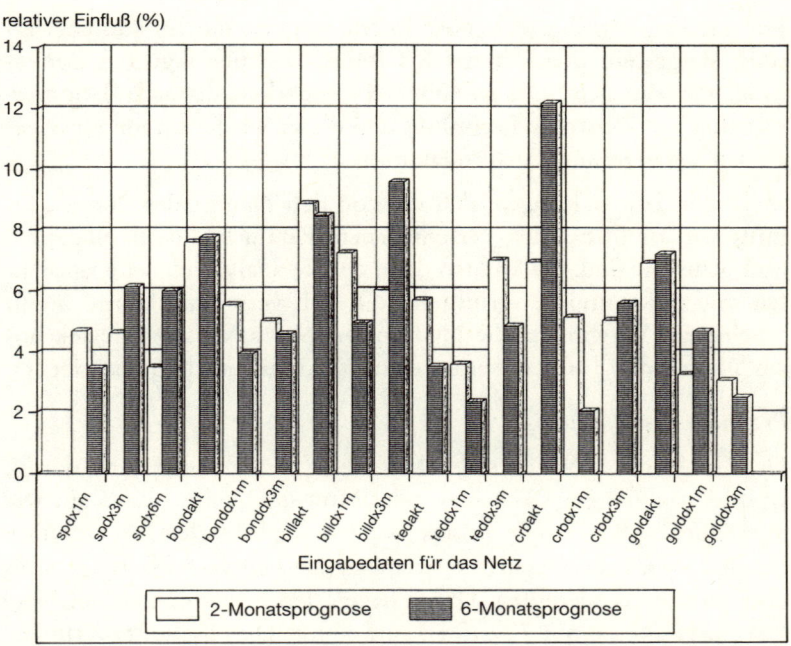

Abb. 5: S&P 500-Kursprognose (Die Werte errechnen sich wie auch bei den folgenden Prognosedarstellungen aus der Summe der Beträge aller Verbindungsgewichte zwischen dem jeweiligen Eingabeneuron und den Neuronen der verborgenen Schicht, geteilt durch die Summe der Beträge aller Verbindungsgewichte zwischen allen Eingabeneuronen und den Neuronen der verborgenen Schicht.)

Beide Neuronalen Netze bestätigen die Erkenntnis erfahrener Börsianer, daß die aktuellen Zinsen und der Zinstrend die Richtung der Aktienkursbewegung bestimmen. Außerdem sind der Goldpreis und die Inflationserwartung (CRB-Index) wichtige Größen für die künftige Entwicklung der Aktienkurse. Auffallend ist, daß entgegen einer verbreiteten Ansicht der Geldmarktzins (billakt, tedakt) und dessen Trend (billdx, teddx) wichtiger ist für die Entwicklung des Standard & Poor's Index, als der Kapitalmarktzins (bondakt). Ebenso überrascht vielleicht, daß die verschiedenen Trends des Aktienmarktes für sich genommen (spdx) nur zu einem geringen Teil seinen künftigen Verlauf beeinflussen. Das scheint der Aussage vom Anfang des Buches zu widersprechen, denn dort hieß es: die zukünftigen Kurse werden von denen in der Vergangenheit mitbestimmt. Addiert man jedoch die Einflüsse der verschiedenen Trends (spdx1m, spdx3m und spdx6m), dann wird ihre Bedeutung offensichtlich.

Für die längerfristige Prognose (6 Monate) ist die Inflationserwartung, dargestellt durch den CRB-Index, von überragender Bedeutung, wie man sieht. Das ist nicht verwunderlich, da die Inflationserwartung den Zinstrend beeinflußt und dieser wiederum mit einer gewissen Verzögerung die Aktienkurse.

Insgesamt läßt sich sagen, daß die von den Neuronalen Netzen ermittelten Einflüsse der verschiedenen Parameter nachvollziehbar und plausibel sind. Sie können dem, der sie analysiert, neue Einsichten und Erkenntnisse vermitteln, die sich verwerten lassen. Somit scheint der Vorwurf an die Neuronalen Netze, sie seien „black boxes", zumindest für den hier untersuchten Markt nicht gerechtfertigt.

Prognose des Goldpreises

Der Goldpreis schwankt selbst kurzfristig oftmals sehr stark, darum ist die Prognose eines Wochen- oder Monatsschlußkurses so gut wie unmöglich. Anders sieht es aus, wenn wir gleitende Durchschnitte für drei oder vier Wochen verwenden, die heftige Ausschläge nach oben und unten dämpfen. Daher liegen den hier vorgestellten Netzen (*Abbildung 6* mit *Tabellen 3* und *4*) nur Durchschnittswerte zugrunde. Außerdem möchte ich daran erinnern, daß der Goldpreis üblicherweise in US-Dollar notiert wird und auch diese Netze sich auf den Preis in US-Dollar beziehen.

In *Abbildung 6* sind die relativen Einflüsse der einzelnen Eingabeparameter grafisch dargestellt. *Tabelle 3* enthält die Erklärungen für die

Tab. 3: Goldpreis-Prognose

Parameter	Kürzel	Herkunft
Goldpreis (US-$ pro Feinunze)	goldakt	*Barron's*
Goldkurs Veränderung seit 4 Wochen	golddx1	errechnet
Goldkurs Veränderung seit 13 Wochen	golddx3	errechnet
Goldkurs Veränderung seit 26 Wochen	golddx6	errechnet
Goldkurs Veränderung seit 52 Wochen	golddx12	errechnet
Treasury Bill Kurs (nearby futures)	billakt	*Barron's*
Treasury Bond Kurs (nearby futures)	bondakt	*Barron's*
Commodity Research Bureau (CRB)-Index	crbakt	*Barron's*
Goldkurs in (%) vom 13-Wochen-Mittel	gold>13W	errechnet
Goldkurs in (%) vom 40-Wochen-Mittel	gold>40W	errechnet
D[1]-Geldmarktzins	geldd	*Economist*
D-Kapitalmarktzins	kapd	*Economist*
D-Verbraucherpreise Vorjahresvergleich	konsd1j	*Economist*
Kurs DM/US-Dollar	dmusd	*Economist*
J[2]-Geldmarktzins	geldj	*Economist*
J-Kapitalmarktzins	kapj	*Economist*
J-Verbraucherpreise Vorjahresvergleich	konsj1j	*Economist*
Kurs Yen/US-Dollar	yenusd	*Economist*

[1] Deutschland (gilt auch für die folgenden Tabellen)
[2] Japan (gilt auch für die folgenden Tabellen)

Tab. 4: Goldpreis-Prognose, Eingabeparameter geordnet nach Einfluß in Prozent

2 Monate			6 Monate		
Eingabe	Einfluß in (%)	Summe der Einflüsse (%)	Eingabe	Einfluß in (%)	Summe der Einflüsse (%)
kapj	10,08	10,08	geldj	9,09	9,09
golddx1	7,68	17,76	kapd	8,46	17,55
dmusd	6,63	24,39	gold>40W	7,85	25,40
geldd	6,41	30,80	dmusd	7,77	33,17
konsj1j	6,27	37,07	golddx3	6,93	40,10
geldj	6,01	43,08	kapj	6,88	46,98
golddx6	5,72	48,80	yenusd	6,34	53,32
goldakt	5,41	54,21	konsd1j	6,27	59,59
yenusd	5,36	59,57	gold>13W	5,96	65,55
gold>40W	5,34	64,91	golddx1	5,22	70,77
gold>13W	5,17	70,08	goldakt	5,04	75,81
kapd	4,72	74,80	bondakt	4,41	80,22
crbakt	4,51	79,31	konsj1j	4,10	84,32
billakt	4,43	83,74	golddx6	3,69	88,01
golddx12	4,41	88,15	golddx12	3,49	91,50
golddx3	4,27	92,42	crbakt	3,29	94,79
bonakt	3,93	96,35	geldd	3,18	97,97
konsd1j	3,65	100,00	billakt	2,03	100,00

relativer Einfluß (%)

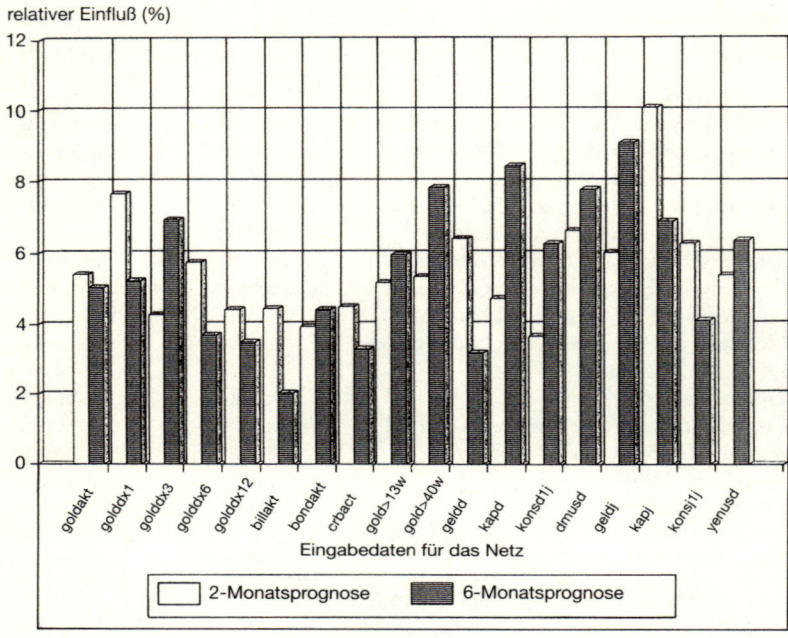

Eingabedaten für das Netz

☐ 2-Monatsprognose   ■ 6-Monatsprognose

Abb. 6: Goldpreis-Prognose

in *Abbildung 6* und *Tabelle 4* verwendeten Kürzel. Für beide Prognosezeiträume läßt sich feststellen, daß der aktuelle Goldpreis (goldakt), die Trends des Goldmarktes in der Vergangenheit (golddx1, 3,6,12) und die Abweichungen von diesem Trend (gold > 13W, gold > 40W) in großem Maße den zukünftigen Goldpreis bestimmen. An die vierzig Prozent Einfluß erreichen die reinen Goldmarktparameter zusammengenommen. Für die kurzfristige Prognose ist der kurzfristige Markttrend etwas wichtiger und für die längerfristige Prognose hat der langfristige Trend die größere Bedeutung. Die Finanzmarktparameter, also Geld- und Kapitalmarkt in Deutschland (geldd, kapd), Japan (geldj, kapj) und den U.S.A. (billakt, bondakt) machen für beide Prgnosezeiträume mehr als ein Drittel des Gesamteinflusses aus, wobei der größte Anteil auf den Japanischen Finanzmarkt entfällt. Wiederum mehr als zehn Prozent des Gesamteinflusses ergeben die Währungsparameter, Wechselkurse von DM (dmusd) und Yen (yenusd) gegenüber dem Dollar. Diese drei Blöcke zusammen, Goldmarktparameter, Finanzmarktparameter und Devisenmarktparameter, bestimmen mit mehr als fünfundachtzig Prozent die künftige Entwicklung des Goldpreises.

Prognose des Devisenmarktes

Die meisten „Analysten" hatten den US-$ anfangs des Jahres für die zweite Jahreshälfte 1994 eher bei DM 1,80 gesehen als bei DM 1,60. Daß der Dollar dann deutlich unter DM 1,60 notieren würde, hatte kaum einer erwartet. Das bedeutet, auf die Prognosen dieser sogenannten Fachleute sollte man sich lieber nicht verlassen. Vielleicht gelingt es Ihnen, ein Neuronales Netz zu entwerfen, das zuverlässigere Prognosen ermöglicht.

Die *Abbildung 7* sowie die dazugehörige *Tabelle 6* enthalten die Analysedaten für zwei Neuronale Netze, die Wechselkursänderungen der DM zum US-$ für zwei bzw. sechs Monate im voraus angeben sollen. Dargestellt sind die Einflüsse der verschiedenen Eingabeparameter auf die Richtung und das Ausmaß der Änderung des Wechselkurses. *Tabelle 5* enthält die Erklärung für die verwendeten Kürzel in *Abbildung 7* und *Tabelle 6*.

Auch hier zeigt bereits ein erster Blick auf *Abbildung 7*, daß die verschiedenen Eingabeparameter von sehr unterschiedlicher Bedeutung sind. Ausgedrückt wird dies wiederum durch die Höhe der Balken in den Diagrammen.

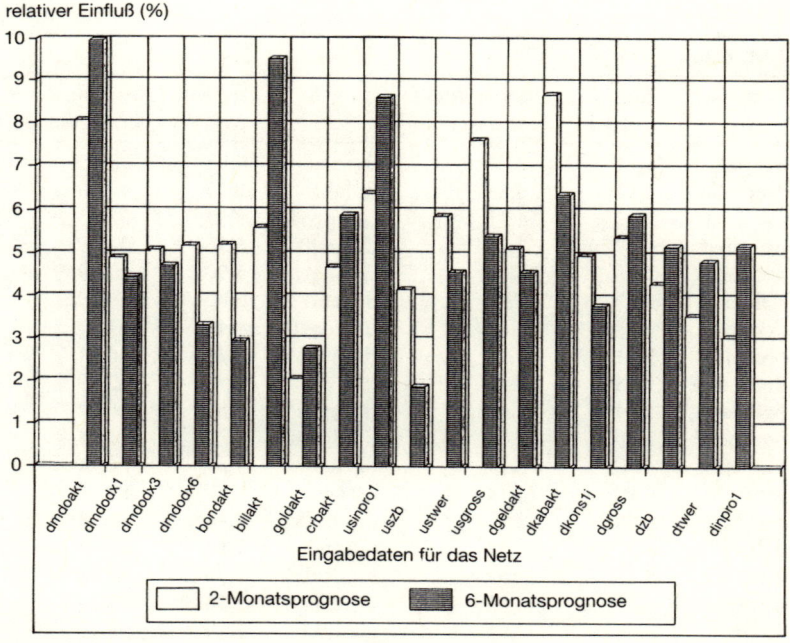

Abb. 7: DM/US$-Kursprognose

Tab. 5: DM/US-$ Kursprognose

Parameter	Kürzel	Herkunft
Treasury Bond Kurs (nearby futures)	bondakt	*Barron's*
Treasury Bill Kurs (nearby futures)	billakt	*Barron's*
Commodity Research Bureau (CRB)-Index	crbakt	*Barron's*
Goldpreis (US-$ pro Feinunze)	goldakt	*Barron's*
DM/US-$ Kurs	dmdoakt	*Economist*
US-Industrieproduktion Vorjahresvergleich	usinpro1	*Economist*
US-Zahlungsbilanz	uszb	*Economist*
US-$ Trade weighted exchange rate	ustwer	*Economist*
US-Grosshandelspreise Vorjahresvergleich	usgross1	*Economist*
D-Geldmarktzins	dgeldakt	*Economist*
D-Kapitalmarktzins	dkapakt	*Economist*
D-Verbraucherpreise Vorjahresvergleich	dkons1	*Economist*
D-Grosshandelspreise Vorjahresvergleich	dgross1	*Economist*
D-Industrieproduktion Vorjahresvergleich	dinpro1	*Economist*
D-Zahlungsbilanz	dzb	*Economist*
DM-Trade weighted exchange rate	dtwer	*Economist*
DM/US-$ Kursänderung seit 4 Wochen	dmdo1m	errechnet
DM/US-$ Kursänderung seit 13 Wochen	dmdo3m	errechnet
DM/US-$ Kursänderung seit 26 Wochen	dmdo6m	errechnet

Tab. 6: DM/US-$-Wechselkursprognose, Eingabeparameter geordnet nach Einfluß in Prozent

2 Monate			6 Monate		
Eingabe	Einfluß in (%)	Summe der Einflüsse (%)	Eingabe	Einfluß in (%)	Summe der Einflüsse (%)
dkapakt	8,71	8,71	dmdoakt	9,95	9,95
dmdoakt	8,07	16,78	billakt	9,55	19,50
usgross1	7,63	24,41	usinpro1	8,63	28,13
usinpro1	6,39	30,80	dkapakt	6,36	34,49
ustwer	5,88	36,68	crbakt	5,90	40,39
billakt	5,59	42,27	dgross1	5,90	46,29
dgross1	5,38	47,65	usgross1	5,41	51,70
bondakt	5,21	52,86	dinpro1	5,21	56,91
dmdodx6	5,18	58,04	dzb	5,18	62,09
dgeldakt	5,14	63,18	dtwer	4,83	66,92
dmdodx3	5,09	68,27	dmdodx3	4,72	71,64
dkons1	4,97	73,24	dgeldakt	4,57	76,21
dmdodx1	4,90	78,14	ustwer	4,57	80,78
crbakt	4,68	82,82	dmdodx1	4,46	85,24
dzb	4,32	87,14	dkons1	3,80	89,04
uszb	4,18	91,32	dmdodx6	3,34	92,38
dtwer	3,55	94,87	bondakt	2,96	95,34
dinpro1	3,07	97,94	goldakt	2,79	98,13
goldakt	2,06	100,00	uszb	1,87	100,00

Eine genauere zahlenmäßige Betrachtung erlaubt *Tabelle 6*. Für beide Prognosezeiträume ist der aktuelle Wechselkurs bezogen auf die historische Schwankungsbreite (dmdoakt) von erheblicher Bedeutung. Außerdem sind der Kapitalmarktzins in Deutschland (dkapakt), der Geldmarktzins in den USA (billakt) und die Industrieproduktion in den USA (usinpro1) wichtige Eingabeparameter. Weiterhin bestätigen die Netze die Bedeutung der Kaufkraftparitäten für die Wechselkurse[16]. Ablesen läßt sich dies am Einfluß der Großhandelspreisänderungen (usgross1 und dgross1), auf deren Basis die Kaufkraftparitäten berechnet werden. Der aktuelle Goldpreis (goldakt) und die amerikanische Zahlungsbilanz (uszb) haben fast keinen Einfluß auf den künftigen Verlauf des Wechselkurses.

Prognose der 3-Monats-Zinsen in Deutschland

Die dafür verwendeten Eingabeparameter sind in *Tabelle 7* aufgelistet. Ihre relativen Einflüsse sind in *Abbildung 8* grafisch dargestellt und in *Tabelle 8* nach ihrer Bedeutung geordnet und mit genauen Zahlenwerten versehen.

Hier besitzten die deutschen und internationalen Geldmarktdaten (dgelddx1,3,6, dgeldakt, jgeld, billakt) den größten Einfluß. Für die

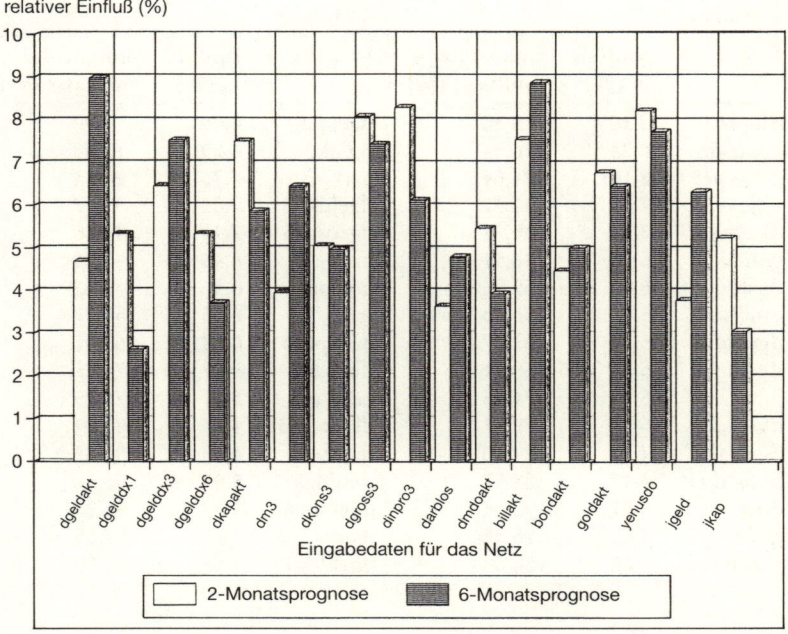

Abb. 8: Prognose der 3-Monatszinsen in Deutschland

Tab. 7: 3-Monatszins-Prognose

Parameter	Kürzel	Herkunft
D-Geldmarktzins	dgeldakt	*Economist*
D-Geldmarktzins Änderung seit 4 Wo	dkapdx1	errechnet
D-Geldmarktzins Änderung seit 13 Wo	dkapdx3	errechnet
D-Geldmarktzins Änderung seit 26 Wo	dkapdx6	errechnet
D-Kapitalmarktzins	dkapakt	*Economist*
D-Geldmengenentwicklung M3	dm3	*Economist*
D-Verbraucherpreise Quartalsvergleich	dkonspr3	*Economist*
D-Großhandelspreise Quartalsvergleich	dgrospr3	*Economist*
D-Industrieproduktion Quartalsvergleich	dindpro3	*Economist*
D-Arbeitslosenquote	darblos	*Economist*
Kurs DM/US-Dollar	dmdoakt	*Economist*
Treasury Bill Kurs (nearby futures)	billakt	*Barron's*
Treasury Bond Kurs (nearby futures)	bondakt	*Barron's*
Goldpreis (US-$ pro Feinunze)	goldakt	*Barron's*
Kurs Yen/US-Dollar	yenusdo	*Economist*
J-Geldmarktzins	jgeld	*Economist*
J-Kapitalmarktzins	jkap	*Economist*

Tab. 8: 3-Monatszins-Prognose, Eingabeparameter geordnet nach Einfluß in Prozent

2 Monate			6 Monate		
Eingabe	Einfluß in (%)	Summe der Einflüsse (%)	Eingabe	Einfluß in (%)	Summe der Einflüsse (%)
dinpro3	8,30	8,30	dgeldakt	8,99	8,99
yenusdo	8,24	16,54	billakt	8,89	17,88
dgrospr3	8,10	24,64	yenusdo	7,75	25,63
billakt	7,57	32,21	dgelddx3	7,54	33,17
dkapakt	7,51	39,72	dgrospr3	7,43	40,60
goldakt	6,79	46,51	dm3	6,46	47,06
dgelddx3	6,45	52,96	goldakt	6,46	53,52
dmdoakt	5,47	58,43	jgeld	6,35	59,87
dgelddx1	5,34	63,77	dindpro3	6,14	66,01
dgelddx6	5,34	69,11	dkapakt	5,87	71,88
jkap	5,25	74,35	bondakt	5,01	76,89
dkonspr3	5,06	79,41	dkonspr3	4,95	81,84
dgeldakt	4,69	84,10	darblos	4,79	86,63
bondakt	4,47	88,57	dmdoakt	3,93	90,56
dm3	3,97	92,54	dgelddx6	3,72	94,28
jgeld	3,80	96,34	jkap	3,07	97,35
darblos	3,66	100,00	dgelddx1	2,65	100,00

kurzfristige Prognose ergeben sich über dreißig Prozent und für die langfristige fast vierzig Prozent. Zusammen mit den Einflüssen der internationalen Kapital- und Devisenmarktparametern (dkapakt, bondakt jap, dmdoakt, yenusdo) erhält man für beide Prognosezeit-räume fast zwei Drittel des Gesamteinflusses. Die Preisentwicklung in Deutschland (dgrospr3, dkonspr3) macht über zehn Prozent aus, so daß etwa drei Viertel des Einflusses damit abgedeckt sind. Zählt man für die kurzfristige Prognose die Wirtschafts- und Arbeits-marktdaten (dinpro3, darblos) hinzu, ist man bei knapp neunzig Pro-zent. Für die langfristige Prognose sind Geldmengenentwicklung (dm3) und Goldmarktparameter (goldakt) hinzuzunehmen statt der Wirtschafts- und Arbeitsmarktdaten, um an neunzig Prozent Pro-gnosewert heranzukommen.

Prognose der Zinsentwicklung für Bundesanleihen

Tabelle 9 faßt die verwendeten Eingabeparameter zusammen, deren relative Bedeutung in *Abbildung 9* als Balkendiagramm dargestellt ist. In *Tabelle 10* finden Sie die Parameter mit genauen Zahlenwer-ten nach ihrer Bedeutung geordnet.

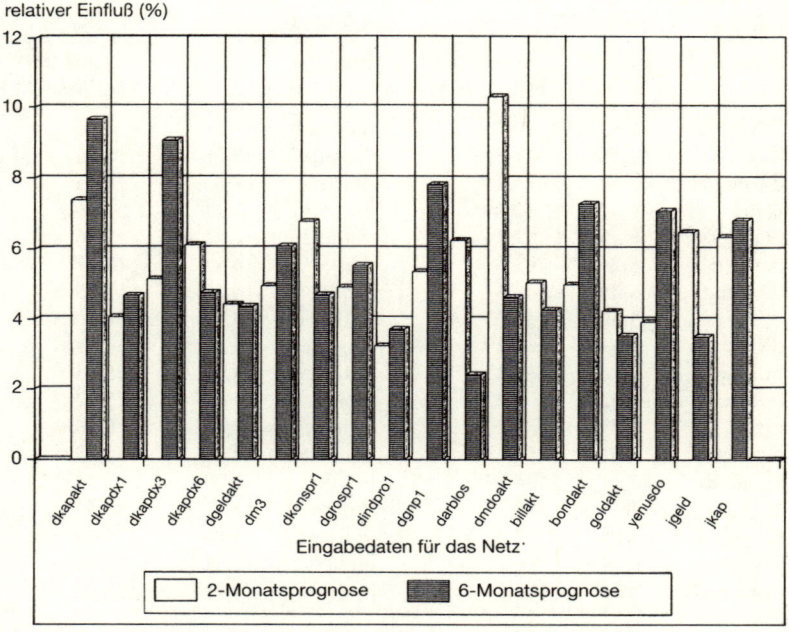

Abb. 9: Prognose der Zinsen auf Bundesanleihen

Tab. 9: Bundesanleihezins-Prognose

Parameter	Kürzel	Herkunft
D-Kapitalmarktzins	dkapakt	*Economist*
D-Kapitalmarktzins Änderung seit 4 Wo	dkapdx1	errechnet
D-Kapitalmarktzins Änderung seit 13 Wo	dkapdx3	errechnet
D-Kapitalmarktzins Änderung seit 26 Wo	dkapdx6	errechnet
D-Geldmarktzins	dgeldakt	*Economist*
D-Geldmengenentwicklung M3	dm3	*Economist*
D-Verbraucherpreise Vorjahresvergleich	dkonspr1	*Economist*
D-Großhandelspreise Vorjahresvergleich	dgrospr1	*Economist*
D-Industrieproduktion Jahresvergleich	dindpro1	*Economist*
D-Bruttoinlandsprodukt Jahresvergleich	dbip1	*Economist*
D-Arbeitslosenquote	darblos	*Economist*
Kurs DM/US-Dollar	dmdoakt	*Economist*
Treasury Bill Kurs (nearby futures)	billakt	*Barron's*
Treasury Bond Kurs (nearby futures)	bondakt	*Barron's*
Goldpreis (US-$ pro Feinunze)	goldakt	*Barron's*
Kurs Yen/US-Dollar	yenusdo	*Economist*
J-Geldmarktzins	jgeld	*Economist*
J-Kapitalmarktzins	jkap	*Economist*

Tab. 10: Bundesanleihezins-Prognose, Eingabeparameter geordnet nach Einfluß in Prozent

2 Monate			6 Monate		
Eingabe	Einfluß in (%)	Summe der Einflüsse (%)	Eingabe	Einfluß in (%)	Summe der Einflüsse (%)
dmdoakt	10,33	10,33	dkapakt	9,66	9,66
dkapakt	7,38	17,71	dkapdx3	9,06	18,72
dkonspr1	6,78	24,49	dbip1	7,83	26,55
jgeld	6,50	30,99	bondakt	7,31	33,86
jkap	6,35	37,34	yenusdo	7,10	40,96
darblos	6,24	43,58	jkap	6,81	47,77
dkapdx6	6,09	49,67	dm3	6,08	53,85
dbip1	5,38	55,05	dgrospr1	5,55	59,40
dkapdx3	5,14	60,19	dkapdx6	4,74	64,14
billakt	5,06	65,25	dkonspr1	4,71	68,85
bondakt	5,02	70,27	dkapdx1	4,67	73,52
dm3	4,95	75,22	dmdoakt	4,64	78,16
dgrospr1	4,91	80,13	dgeldakt	4,36	82,52
dgeldakt	4,41	84,54	billakt	4,29	86,81
goldakt	4,24	88,78	dindpro1	3,72	90,53
dkapdx1	4,05	92,83	goldakt	3,55	94,08
yenusdo	3,94	96,77	jgeld	3,51	97,59
dindpro1	3,23	100,00	darblos	2,41	100,00

Den größten Einfluß besitzen die deutschen und internationalen Kapitalmarktdaten (dkapakt, dkapdx1,3,6, jkap, bondakt). Dies gilt für die kurzfristige Prognose mit über dreißig Prozent und noch mehr für die langfristige mit über vierzig Prozent. Werden die Einflüsse der internationalen Geldmarkt- (dgeldakt, jgeld, billakt), und Devisenmarktparameter (dmdoakt, yenusdo) hinzugenommen, ergibt das für beide Prognosezeiträume etwa zwei Drittel des Gesamteinflusses. Die Preisentwicklung in Deutschland (dkonspr1, dgrospr1) trägt über zehn Prozent bei und die Wirtschaftsdaten (dbip1, dindpro1) ebenfalls um die zehn Prozent, also zusammengenommen deutlich über achtzig Prozent. Ergänzt durch die Arbeitsmarktdaten (darblos) werden es über neunzig Prozent und zwar für beide Prognosezeiträume. Dabei spielt die Arbeitslosenquote für die längerfristige Prognose kaum eine Rolle.

Prognose des DAX

Für deutsche Anleger ist sicherlich auch die Prognose des Deutschen Aktien-Index (DAX) ein naheliegender Wunsch. Lassen Sie mich vorwegschicken: der DAX ist wesentlich schwieriger zu prognostizieren als der S&P 500. Es liegt nicht daran, daß der DAX verglichen mit dem S&P 500 nur wenige Werte umfaßt, denn gleiches trifft auch auf den Dow Jones Industrial Average (DJIA) zu und der läßt sich etwa mit gleicher Güte vorhersagen wie der S&P 500. Ich kann dies mit ziemlicher Sicherheit behaupten, weil ich Neuronale Netze für den DJIA erstellt habe. Der wesentliche Grund für die Schwierigkeit, den DAX zu prognostizieren, ist meines Erachtens, daß der deutsche Aktienmarkt für internationale Anleger nur ein kleiner Nebenmarkt ist. Das bedeutet, die Tendenz des DAX wird von den Tendenzen an den größeren Aktienmärkten in Amerika, Japan und England mit beeinflußt. Man müßte also die Tendenzen an den anderen Märkten ebenfalls vorhersagen, um diese Einflüsse mit zu berücksichtigen. Insgesamt wird das jedoch eine viel zu aufwendige und unsichere Sache, so daß man den Einfluß der anderen Aktienmärkte besser außer acht läßt und sich mit dem größeren Fehler abfindet.

Bei der Prognose des DAX erstellte ich zwei Entwürfe (*Tabelle 11* und *Tabelle 12*). Mein erster Entwurf eines Neuronalen Netzes für die DAX-Prognose besaß zwölf Eingabeparameter, die in *Tabelle 11* aufgelistet sind. Das Netz besaß weiterhin sieben verborgene Neuronen und, wie üblich, ein Ausgabeneuron. Mit diesem Netzentwurf habe ich begonnen, Prognosen für zwei, drei, vier, fünf und sechs

Tab. 11: DAX-Kursprognose, (Entwurf #1)

Parameter	Kürzel	Herkunft
DAX-Kurs	–	*Economist*
D-Geldmarktzins	dgeldakt	*Economist*
D-Kapitalmarktzins	dkapakt	*Economist*
D-Verbraucherpreise Quartalsvergleich	dkons3m	*Economist*
D-Verbraucherpreise Vorjahresvergleich	dkons1	*Economist*
DM/US-$ Kurs	dmdoakt	*Economist*
*Commodities (alle Rohstoffe)	commaldm	*Economist*
*Commodities (Industrierohstoffe)	commindm	*Economist*
*Rohölpreis (Brent)	oeldm	*Economist*
*Goldpreis	golddm	*Barron's*
DAX-Kursänderung seit 4 Wochen	daxdx1m	errechnet
DAX-Kursänderung seit 13 Wochen	daxdx3m	errechnet
DAX-Kursänderung seit 26 Wochen	daxdx6m	errechnet

* Die Werte wurden nach dem jeweiligen Wochenkurs DM/US$ aus *The Economist* in DM umgerechnet

Tab. 12: DAX-Kursprognose, (Entwurf #2)

Parameter	Kürzel	Herkunft
DAX-Kurs	–	*Economist*
D-Geldmarktzins	dgeldakt	*Economist*
D-Kapitalmarktzins	dkapakt	*Economist*
D-Geldmengenentwicklung M3	dm3	*Economist*
D-Verbraucherpreise Vorjahresvergleich	dkons1j	*Economist*
D-Industrieproduktion Vorjahrsvergleich	dinpro1j	*Economist*
D-Bruttoinlandsprodukt Vorjahresvergleich	dbip1j	*Economist*
DM/US-$ Kurs	dmdoakt	*Economist*
*Commodities (Industrierohstoffe)	commindm	*Economist*
*Rohölpreis	oeldm	*Economist*
*Goldpreis	golddm	*Barron's*
Dax-Kursänderung seit 4 Wochen	daxdx1m	errechnet
Dax-Kursänderung seit 13 Wochen	daxdx3m	errechnet
Dax-Kursänderung seit 26 Wochen	daxdx6m	errechnet
D-Geldmarktzins Änderung seit 13 Wochen	dgeldx3m	errechnet
D-Kapitalmarktzins Änderung seit 13 Wochen	dkapdx3m	errechnet

* Die Werte wurden nach dem jeweiligen Wochenkurs DM/US$ aus *The Economist* in DM umgerechnet

Tab. 13: DAX-Kursprognose für 5 Monate: Vergleich zweier Neuronaler Netze, Eingabeparameter geordnet nach Einfluß in Prozent

Entwurf #1			Entwurf #2		
Eingabe	Einfluß in (%)	Summe der Einflüsse (%)	Eingabe	Einfluß in (%)	Summe der Einflüsse (%)
dmdoakt	14,45	14,45	oeldm	9,93	9,93
commindm	13,23	27,68	[2]dm3	9,45	19,38
dkapakt	11,98	39,66	daxdx6m	9,32	28,70
golddm	10,72	50,38	dkons1j	9,17	37,87
dkons1j	9,25	59,63	commindm	8,50	46,37
[1]commaldm	7,08	66,71	dgeldakt	8,40	54,77
oeldm	6,74	73,45	[2]dkapdx3m	7,84	62,61
daxdx3m	6,35	79,80	dkapakt	7,28	69,89
dgeldakt	6,12	85,92	dmdoakt	6,23	76,12
daxdx6m	5,94	91,86	daxdx3m	5,59	81,71
[1]dkons3m	5,11	96,97	[2]dbip1j	5,28	86,99
[1]daxdx1m	3,03	100,00	[2]dinpro1j	4,90	91,89
			golddm	4,21	96,10
			[2]dgeldx3m	3,90	100,00

[1] Parameter, die nur im Entwurf #1 verwendet wurden
[2] Parameter, die nur im Entwurf #2 verwendet wurden

Monate zu versuchen. Nur für die Prognosezeiträume von drei, vier und fünf Monaten gelang es mir, wenigstens in den näheren Umkreis der Fehlerschwelle zu kommen, die ich auch für den S&P 500 und den DJIA gewählt hatte. Die beiden Netze für die Zwei- und Dreimonatsprognose schienen schon in der Anfangsphase kaum Lernfortschritte zu machen, sondern mehr oder weniger auf der Stelle zu treten. Darum habe ich diese gleich von weiteren Versuchen ausgenommen.

Von den drei verbleibenden Prognosezeiträumen war die Fünfmonatsprognose noch die beste. Da auch diese die gewählte Fehlerschwelle nicht unterschreiten konnte, wählte ich das für solche Fälle übliche Lehrbuchrezept, d.h. ein zusätzliches verborgenes Neuron und trainierte die Netze von vorn. Diese Maßnahme brachte auch einen gewissen Erfolg, wenngleich nicht den von mir gewünschten. Am besten war wieder die Fünfmonatsprognose, doch ganz konnte auch diese den angestrebten Fehler nicht erreichen, trotz fast vier Stunden Trainings. Die Analyse dieses Netzes ergab die, in *Tabelle 13* unter „Entwurf #1", aufgeführten Werte.

Statt beim zweiten Entwurf *(Tabelle 12)* noch ein weiteres verborgenes Neuron hinzuzufügen und mit den gleichen Eingabeparametern weiterzuarbeiten, entschied ich mich, einige weniger wichtige Parameter wegzulassen und durch andere zu ersetzen. Es wäre theoretisch noch eine weitere Möglichkeit geblieben, nämlich noch eine weitere Schicht verborgener Neuronen einzufügen. Neben vielen kommerziellen Programmen bietet auch das von mir bereits empfohlene Programm auf der Begleitdiskette zum Buch von *McClelland & Rumelhart*[11] diese Möglichkeit. Das Programm NeuroShell™ 4.1, mit dem ich hier gearbeitet habe, erlaubt jedoch nur eine verborgene Schicht. Das war aber in diesem Fall kein entscheidender Nachteil, weil ich diese Maßnahme ohnehin nicht favorisiert hatte.

Ein Blick auf den unteren Teil der linken Hälfte von *Tabelle 13* zeigt die Eingabeparameter mit relativ geringem Einfluß, also mögliche Austauschkandidaten. An erster Stelle ist das der kurzfristige Trend des DAX (daxdx1m), denn dessen Einfluß auf das Ergebnis ist von allen Eingaben am geringsten und zudem stehen noch zwei weitere DAX-Trends als Parameter zur Verfügung. Wir werden diese Eingabe also weglassen. An zweiter Stelle ist die Veränderung der Verbraucherpreise im vorangegangenen Quartal (dkons3m) zu nennen. Der Einfluß dieses Parameters ist ebenfalls gering und außerdem ist ein weiterer ähnlicher Eingabewert (dkons1j) noch vorhanden. Als dritten Austauschkandidaten habe ich den Rohstoffpreisindex für alle Rohstoffe (commaldm) ausgesucht. Zwar gibt es in der Liste einige Parameter, die noch weniger zum Ergebnis beitragen, wie beispielsweise der längerfristige Trend des DAX (daxdx6m), doch ich möchte gern zwei Trendparameter beibehalten. Die anderen Eingaben, die ebenfalls für einen Austausch infrage kommen könnten, sind einzigartig, also ohne ähnliche Entsprechung. Darum sollen sie ebenfalls erhalten bleiben.

Als Ersatz für die gestrichenen Parameter habe ich folgende fünf Eingabegrößen gewählt: Zum einen die Geldmengenentwicklung M3 in Deutschland (dm3), weil sie als Grundlage für die Zinspolitik der Bundesbank dient. Dazu kommen die mittelfristigen Zinstrends am Geldmarkt (dgeldx3m) und am Kapitalmarkt (dkapdx3m). Ergänzt werden diese Eingaben durch zwei Konjunkturparameter, nämlich die Entwicklung des Bruttoinlandsprodukts (dbip1j) und der Industrieproduktion (dinpro1j) in Deutschland. Die neuen Eingabeparameter sind in der rechten Hälfte der *Tabelle 13* mit einer (^{2}) markiert.

Den wichtigsten Unterschied zwischen den beiden Entwürfen kann man aus der Tabelle nicht ablesen. Es ist der unterschiedliche Fehler der von ihnen abgeleiteten Neuronalen Netze. Der zweite Entwurf konnte innerhalb von 23 Minuten Trainings das gewünschte Fehlerniveau erreichen. Auch die Netze für die Vier- und Sechsmonatsprognose konnten mit diesem Entwurf die Fehlerschwelle unterbieten.

Die Analyse zeigt, daß vor allem die Geldmengenentwicklung M3 einen großen Einfluß auf das Ergebnis ausübt. Zusammengenommen waren die beiden Konjunkturkomponenten sogar noch wichtiger. Dagegen erwiesen sich die Zinstrends als nicht ganz so einflußreich. Natürlich gilt diese Betrachtung nur für den Prognosezeitraum von fünf Monaten. Wie wir bereits bei der Analyse der Netze für den S&P 500 sehen konnten, gibt es je nach Prognosezeitraum zum Teil erhebliche Bedeutungsunterschiede zwischen den Eingabeparametern.

Auch der zweite Entwurf zur DAX-Prognose ist natürlich noch nicht optimiert. Für die kürzeren Prognosezeiträume von zwei und drei Monaten haben wir noch gar keinen brauchbaren Entwurf für ein Neuronales Netz gefunden, mehr dazu im nächsten Abschnitt.

Nicht selten gelingt es, ein Neuronales Netz für eine langfristige Prognose zu erstellen, aber es scheint unmöglich, die zugestandene Fehlerschwelle für einen kurzen Prognosezeitraum zu erreichen. Es kann dafür verschiedene Gründe geben, aber einer, den man leicht übersieht, ist folgender: Die Fehler für verschiedene Prognosezeiträume beziehen sich meistens auf unterschiedlich große Wertebereiche. Innerhalb von zwei Monaten bewegen sich die Kurse eines Wertpapieres vielleicht um 10 % auf oder ab, innerhalb von sechs Monaten sind dagegen Schwankungen um jeweils 30 % möglich. Wenn Sie also für beide Prognosezeiträume den gleichen relativen Fehler zulassen, erwarten Sie, daß der absolute Fehler für die Zweimonatsprognose nur ein Drittel des Fehlers für die Halbjahresprognose beträgt. Damit kann das Netz überfordert sein.

8. Optimierung eines trainierten Neuronalen Netzes

Neuronale Netze lassen sich nach verschiedenen Gesichtspunkten optimieren. Ziel der angestrebten Verbesserung können möglichst kleine Netze, möglichst fehlertolerante oder gut generalisierende Netze sein[12]. Es hat dagegen keinen Sinn, möglichst genau die Muster aus der Vergangenheit zu lernen.

Wir haben bereits am Beispiel des DAX gesehen, wie sich ein trainiertes Neuronales Netz verbessern läßt: beispielsweise über die Auswahl der Eingabeparameter. Allgemein kann man sagen, daß Eingabeparameter, die nur um 3 % oder weniger die Gesamtaussage bestimmen, entweder entfallen können, wobei man nur geringe Qualitätsverluste des Netzes in Kauf nehmen muß, oder man ersetzt sie durch andere Eingaben. Dieses würde mit großer Wahrscheinlichkeit zu einem besseren Neuronalen Netz führen, also einem, das einen geringeren Prognosefehler aufweist.

In den oben gezeigten Beispielen haben wir aus didaktischen Gründen für alle Prognosezeiträume die gleichen Eingabegrößen gewählt. Denn es ging auch darum zu zeigen, daß die Bedeutung eines Parameters für verschiedene Prognosezeiträume sehr unterschiedlich sein kann. Bei einer Optimierung muß man für jeden Prognosezeitraum individuell die wichtigsten Eingaben bestimmen.

Bisher haben wir auch die Prognosezeiträume willkürlich auf glatte Monatszahlen festgelegt. Der Vorteil besteht darin, daß dadurch eine Umstellung der Datensätze auf Monatsdaten anstelle von Wochendaten erleichtert wird. Doch ist dies für die Verwendung von Wochen- oder Tagesdaten, wie man sicher einsehen wird, nicht optimal. Dieses Vorgehen läßt außer acht, daß es kurzfristige zyklische Marktschwankungen geben kann[19]. Falls ein solcher Zyklus feststellbar wäre, ließe sich seine Länge bestimmen und danach ein Prognosezeitraum anpassen. Einige Programme für die technische Aktienanalyse und Kalkulationsprogramme, beispielsweise MS-Excel[TM], bieten Methoden zur Zyklusbestimmung an. Meistens wird die schnelle Fouriertransformation (FFT = Fast Fourier Transformation) für die Zyklusanalyse benutzt, andere Verfahren sind Autokovarianzbestimmung[21] und Maximum-Entropie-Methode[58]. Wer ein solches Programm nicht besitzt, kann sich auch anders behelfen. In der Computerfachliteratur sind für alle höheren Programmiersprachen Algorithmen für die FFT beschrieben, beispielsweise für Turbo-Pascal[58, 59]. Die Besonderheit der FFT besteht darin, daß die Anzahl der zu analysierenden Daten eine Zweierpotenz sein muß, z.B. $2^9 = 512$ oder $2^{10} = 1024$. Man sollte keine überzogenen Hoffnungen in die Frequenzanalyse setzen, denn die Märkte zeigen chaotisches Verhalten, d.h. keine periodische Wiederkehr gleicher Zustände. Ein Autor warnt ausdrücklich vor unkritischer Verwendung von FFT-Daten für die Prognose ökonomischer Zeitreihen[59]. Andere sind zuversichtlicher, was die Nutzung der FFT für die zeitliche Planung von Finanztransaktionen angeht[60, 61, 62]. Der interessierte Leser findet im Artikel von *Thom Hartle*[60] eine gute Anleitung für die Bearbeitung von Daten mittels FFT in MS-Excel™. Auch dieser Autor rät davon ab, Geschäfte zu tätigen in der Annahme, die Zyklen seien konsistent. Aber er hält die FFT für hilfreich bei der Konstruktion von Marktindikatoren und bei der Auswahl von Parametern für Indikatoren.

Die Optimierung eines Neuronalen Netzes kann sich auch auf die Datenaufbereitung, z.B. verschiedene Glättungen oder Logarithmierung sowie den Trainingsprozeß erstrecken, indem man beispielsweise mit der Art der Fehlerberechnung und der Aktivierungsfunktion experimentiert. Schließlich sollte nicht vergessen werden, daß erst ein Test mit Daten, die das Netz vorher nicht gesehen hat, zeigen kann, wie gut es wirklich ist. Nur wenn es auch generalisieren, also aus den Trainingsbeispielen allgemeine Regeln herleiten kann, hat sich die Arbeit gelohnt.

Noch eines sollten Sie wissen: trainierte Neuronale Netze unterliegen den Copyright-Bestimmungen, sind damit als geistiges Eigentum des Entwicklers anerkannt. Netzwerkentwurf, Datenbeschaffung, Training, Test, Analyse und schließlich die Optimierung des Netzwerkdesigns erfordern nicht nur beträchtliches Knowhow, sondern auch erheblichen finanziellen Einsatz. Dafür kann der Designer des Neuronalen Netzes ein angemessenes Entgelt fordern. Ein wirklich gutes, fertig trainiertes Neuronales Netz kann dem, der es besitzt, ein Vermögen einbringen. Doch kein Anbieter wird einem Käufer garantieren, in Kürze Millionär zu sein; darum ist der Kauf mehr oder weniger eine Vertrauenssache. Wer mehr darüber erfahren möchte, ob und welche Erfolgsgarantien bei trainierten Neuronalen Netzen für Finanzprognosen gegeben werden, kann sich an einen kommerziellen Anbieter wenden. Mir ist nur ein Unternehmen bekannt, das auf diesem Gebiet tätig ist, und zwar Mendelsohn Enterprises Inc. (Adresse siehe Anhang).

Bisher habe ich Sie vor den Einzelheiten des Funktionsablaufs in einem Neuronalen Netz weitgehend verschont. Es ist auch nicht zwingend nötig, diese genau zu kennen, wenn man nur beabsichtigt, mit Hilfe eines Simulationsprogrammes ein Neuronales Netz zu entwerfen und einzusetzen. Wer also keine weitergehenden Ambitionen besitzt, kann die folgenden Abschnitte getrost überschlagen. Wer sich über Bias-Neuronen informieren oder zur Optimierung eines Netzes vielleicht mit verschiedenen Aktivierungsfunktionen und Lernverfahren experimentieren möchte oder wissen will, wie er ein Neuronales Netz mit unbekanntem Aufbau testen kann, der sollte weiterlesen.

9. Aktivierungszustände von Neuronen

Damit die folgenden Erläuterungen zu den Bias-Neuronen und den Aktivierungsfunktionen besser verständlich werden, müssen wir uns zunächst ein wenig mit dem Aktivierungszustand von Neuronen befassen.

Die meisten biologischen Neuronen kennen nur zwei Zustände: entweder eingeschaltet oder abgeschaltet, d.h. aktiviert bzw. nicht aktiviert. Es gilt die sogenannte „Alles-oder-Nichts-Regel". Damit ein Neuron aktiviert werden kann, muß die Summe der eingehenden Reize einen bestimmten Schwellenwert überschreiten. Erst wenn ein Neuron das zur Aktivierung nötige Potential, Aktionspotential genannt, erreicht hat, wird der Reiz weitergeleitet.

Die künstlichen Neuronen in den meisten Neuronalen Netzen verhalten sich etwas anders. Sie können nicht nur die Zustände ganz eingeschaltet und ganz ausgeschaltet annehmen, sondern auch alle Zwischenzustände. Wenn eingeschaltet durch den Wert 1 und ausgeschaltet durch den Wert 0 dargestellt wird, dann können die Neuronen jeden Wert zwischen 0 und 1 als Aktivierungszustand annehmen. Sie sind also mehr oder weniger aktiviert. Diese Möglichkeit, Zwischenzustände zuzulassen, ist auch aus der sogenannten „Fuzzy Logic", der unscharfen Logik bekannt[14, 59]. Die künstlichen Neuronen könnte man auch als „Fuzzy-Neuronen" bezeichnen. Damit erschöpft sich auch schon die Verbindung von Fuzzy-Logic und Neuronalen Netzen. Fuzzy-Systeme gehören zu den konventionellen regelbasierten Systemen[5].

Es gibt auch Formen Neuronaler Netze, die nur binäre Neuronen verwenden, also solche, die nur die Aktivierungszustände 0 und 1 kennen. Ein bekanntes Beispiel sind die Boltzmann-Maschinen[1–15, 63]. Auch Netzwerke dieses Typus könnten für Finanzprognosen Verwendung finden. Dem Verfasser sind jedoch keine kommerziellen Simulationsprogramme bekannt, die diesen Netzwerktyp als Option anbieten. Der wahrscheinliche Grund dafür ist, daß dieser Netzwerktyp langsamer lernt als das hier ausführlich besprochene Schichtenmodell[12].

Auch die künstlichen Neuronen kennen einen Schwellenwert; er wird durch die Bias-Neuronen (*Abbildungen 3* und *4*) geregelt. Sie werden vom Netzwerkprogramm automatisch angelegt. Die Bias-Neuronen (von englisch „bias" = Tendenz) nehmen unter den Neuronen eine Sonderstellung ein. Sie sind immer maximal aktiviert, ihr Ausgabewert ist +1. Das heißt, das Verbindungsgewicht von einem Bias-Neuron zu einem anderen Neuron wird immer mit dem Faktor +1 multipliziert, während die Ausgabewerte der anderen Neuronen, je nach Eingabewert, irgendwo zwischen 0 und +1 liegen können.

9.1 Berechnung der Aktivierungszustände an den Eingangsneuronen

Weiter oben hatte ich erwähnt, daß die Eingabedaten für ein Neuronales Netz normalisiert werden müssen. Jetzt können wir verstehen, warum dies so ist. Die normalisierten Eingabewerte entsprechen nämlich den Aktivierungszuständen der Eingabeneuronen *(Abbildung 4)*.

Die Aktivierungszustände der Eingabeneuronen sind unabhängig von der Bedeutung des jeweiligen Neurons für die Ausgabewerte des Neuronalen Netzes. Da es aber zweifellos Bedeutungsunterschiede zwischen den verschiedenen Eingabeparametern gibt, müssen diese dem Netz auf andere Weise mitgeteilt werden. Dies geschieht durch die bereits angesprochenen Verbindungsgewichte. Ein Verbindungsgewicht ist nichts weiter als ein Faktor, mit dem der Aktivierungswert des Neurons multipliziert wird. Während der Trainingsphase lernt das Netz die Bedeutungsunterschiede zwischen den verschiedenen Eingabeparametern und ändert die Verbindungsgewichte entsprechend. Wenn das Netz fertig trainiert ist, werden die Verbindungsgewichte zu Konstanten, erhalten also feste Werte zugewiesen, positive, negative, oder den Wert 0 (Null).

In der Regel arbeitet man mit Netzen, die nicht nur mehrere Eingabeneuronen, sondern auch auch mehrere verborgene Neuronen besitzen. Jedes der Eingabeneuronen ist mit jedem verborgenen Neuron verbunden und jede Verbindung zwischen einem Eingabeneuron und einem verborgenen Neuron hat ein bestimmtes Gewicht. Jedes verborgene Neuron erhält also von jedem Eingabeneuron ein Eingangssignal. Der Wert dieses Signals ist das Produkt aus dem Aktivierungszustand multipliziert mit dem Verbindungsgewicht. Zusätzlich erhält jedes verborgene Neuron ein Signal von dem Bias-Neuron, das für die verborgene Schicht angelegt wurde. In *Abbildung 4* ist dies gut zu sehen. Die verschiedenen Eingangssignale für ein verborgenes Neuron werden miteinander verrechnet, also die Signale aller Eingangsneuronen und zusätzlich das Signal des Bias-Neurons. Der Saldo dieser Verrechnung ergibt den Eingabewert für die Berechnung des Aktivierungszustandes des verborgenen Neurons.

Der Schwellenwert für die Aktivierung entspricht dabei dem Signal, das vom Bias-Neuron kommt, allerdings mit umgekehrtem Vorzeichen. Denn ein positives Signal vom Bias-Neuron bewirkt, daß der Eingabewert, den das verborgene Neuron von den Eingangsneuronen erhält, noch weiter erhöht wird. Entsprechendes gilt für negative Signale von Bias-Neuronen. Besonders deutlich wird die Wirkung der Bias-Neuronen, wenn man sich vorstellt, die Summe der Signale von den Eingangsneuronen ergebe den Wert 0. Dann bestimmt allein das Bias-Neuron, welchen Aktivierungszustand das verborgene Neuron annehmen wird. So wird die Bezeichnung Bias-Neuronen verständlich: Sie bestimmen die Tendenz, fördern oder hemmen die Aktivierung des Neurons.

Auch der Aktivierungszustand der verborgenen Neuronen ist ein normalisierter Wert zwischen 0 und 1. Er wird jedoch anders berechnet als der des Eingabeneurons. Für das Eingabeneuron wurde die Normalisierung durch lineare, d.h. proportionale Umrechnung der Originaldaten erreicht. Dagegen ist die Aktivierungsfunktion für verborgene Neuronen und in der Regel auch für Ausgabeneuronen eine nichtlineare Funktion.

Die Verwendung einer nichtlinearen Funktion in der verborgenen Schicht ist zwingend, denn nur wenn die Aktivierungsfunktion nichtlinear ist, ergibt diese Schicht einen Sinn. Wäre die Funktion linear, könnte man ebensogut mit zwei Schichten auskommen. Zweischichtige Neuronale Netze, man nennt sie auch Perzeptrone, können jedoch nur sehr einfache logische Probleme lösen; darum ist ihr Einsatz stark eingeschränkt[1–15].

Eine weitere Forderung an die Aktivierungsfunktion ist, daß sie stetig und vollständig differenzierbar sein muß, d.h. grafisch dargestellt eine Kurve ergibt, deren Steigung bzw. Neigung man in jedem Punkt bestimmen kann. Diese Forderung ergibt sich aus dem Verfahren, das für die Fehlerkorrektur während der Trainingsphase eines Neuronalen Netzes verwendet wird. Es ist das sogenannte Gradientenabstiegsverfahren, auf das wir später noch ausführlicher eingehen werden.

9.2 Die logistische Aktivierungsfunktion

Wegen dieser beiden Bedingungen ist die Auswahl möglicher Aktivierungsfunktionen stark eingeschränkt. Die allermeisten Neuronalen Netze verwenden für die Berechnung des Aktivierungszustandes eine besondere Form der Exponentialfunktion, die sogenannte logistische Funktion oder auch Fermi-Funktion. Sie besitzt die Grenzwerte 0 und 1.

$$O_n = \frac{1}{1 + e^{(-In)}}$$

O_n = Ausgabewert des Neurons (Output)
I_n = Eingabewert des Neurons (Input)
e = 2,7182818 (Basis des natürlichen Logarithmus)

Für große positive Eingabewerte ergibt diese Funktion Ausgabewerte nahe 1, da $e^{(-In)}$ sehr klein wird. Für große negative Eingaben wird $e^{(-In)}$ dagegen sehr groß, und der Ausgabewert geht gegen 0.

Nehmen wir zwei konkrete Beispiele für positive und negative Eingabewerte und zusätzlich den Eingabewert 0 (Null):

für I_n = 10 wird $e^{(-In)}$ zu e^{-10} was 0,0000454 ergibt
O_n = 1/1,0000454 = 0,9999546

für I_n = –10 wird $e^{(-In)}$ zu e^{10} was 22026,466 ergibt
O_n = 1/22027,466 = 0,0000454

für I_n = 0 wird $e^{(-In)}$ zu e^0 was 1 ergibt
O_n = 1/2 = 0,5

Abbildung 10 zeigt eine graphische Darstellung der logistischen Funktion im Wertebereich zwischen –10 und +10. Wir sehen, die Aktivierungsfunktion liefert symmetrisch um den Wert 0,5 angeordnete Ausgabewerte für die beiden gewählten Eingabewerte. Sieht man sich einige weitere Eingabewerte zwischen 0 und 10 an und bestimmt die dazugehörigen Ausgabewerte, so wird man erkennen, daß die Funktion sehr sensibel auf Eingabewerte um 0 reagiert, während Eingaben größer als 2 nur noch eine geringe Zunahme der Aktivierung bewirken. Da die Funktion symmetrisch ist, gilt entsprechendes für die negativen Eingabewerte.

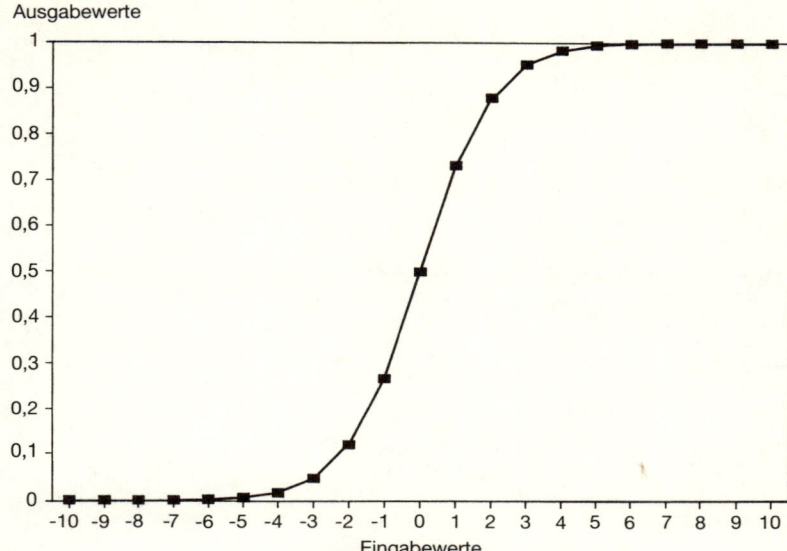

Ausgabewerte

Eingabewerte

Abb. 10: Logistische Funktion (Für den Eingabewert 0 ergibt sich der Ausgabewert 0,5. Für große positive Eingabewerte erhält man Ausgabewerte nahe 1, für große negative Eingabewerte dagegen Ausgabewerte nahe 0.)

9.3 Weitere Aktivierungsfunktionen

Die Tangens hyperbolicus Funktion

Eng verwandt mit der logistischen Funktion ist die Tangens hyperbolicus Funktion. Sie besitzt jedoch die Grenzwerte –1 und +1 (siehe *Abbildung 11*). Theoretisch nähern sich beide Funktionen ihren Grenzwerten nur asymptotisch. Das bedeutet, nur wenn der Eingabewert unendlich wäre, würde der Ausgabewert der obere Grenzwert sein. Entsprechendes gilt für den unteren Grenzwert. Die Abstände vom Grenzwert werden jedoch oft so gering, daß in der Praxis auf Grund von Rundungsfehlern die Grenzwerte dennoch erreicht werden.

Die Sinusfunktion

Die Sinusfunktion *(Abbildung 12)* besitzt die gleichen Grenzwerte wie der Tangens hyperbolicus, nämlich –1 und +1, doch werden die Grenzwerte auch theoretisch durch endliche Eingabewerte erreicht.

Auf einer Demo-Diskette für das Netzwerk-Simulationsprogramm NeuralWorks™ wird erwähnt, daß für mindestens ein Problem sich

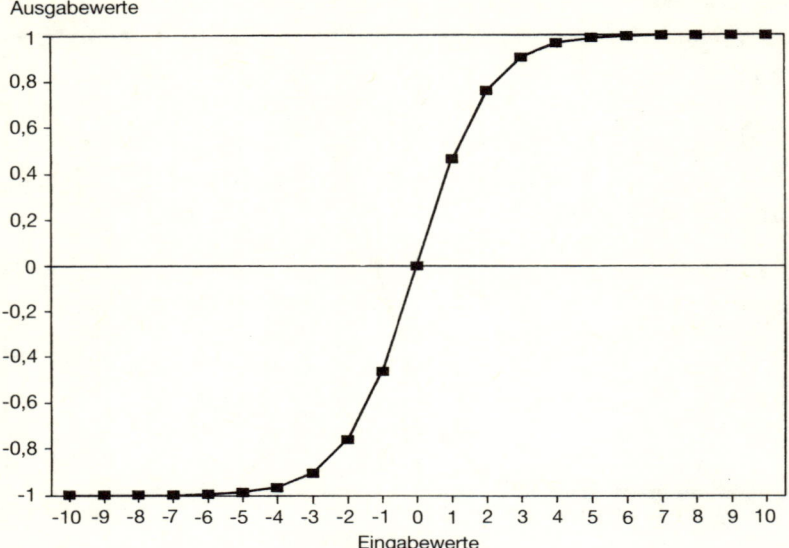

Abb. 11: Tangens hyperbolicus Funktion (Für den Eingabewert 0 ergibt sich der Ausgabewert 0. Für große positive Eingabewerte erhält man Ausgabewerte nahe +1, für große negative Eingabewerte dagegen Ausgabewerte nahe −1.)

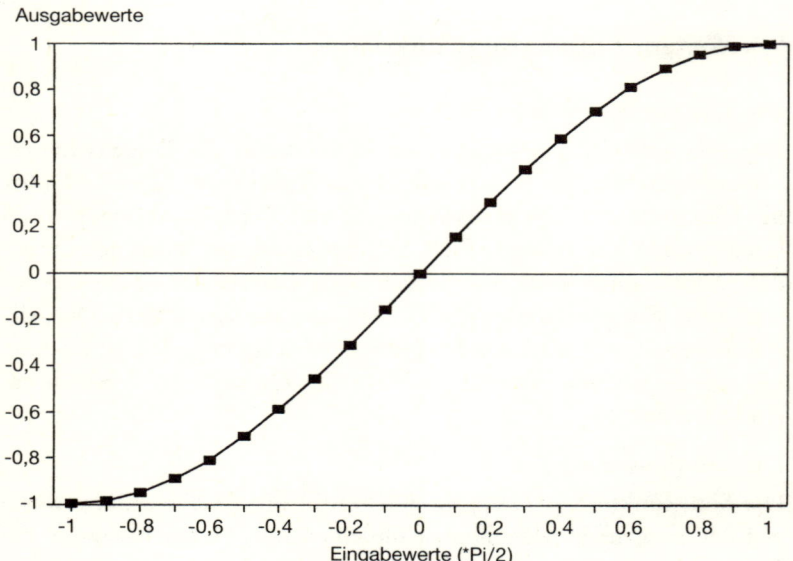

Abb. 12: Sinusfunktion (Für den Eingabewert 0 ergibt sich der Ausgabewert 0. Für den Eingabewert Pi/2 erhält man den Ausgabewerte +1, für den Eingabewert −Pi/2 dagegen den Ausgabewert −1.)

die logistische Funktion als ungeeignet zum Berechnen des Aktivierungszustandes der Neuronen erwiesen habe. Mit der Sinusfunktion dagegen konnte man das Problem lösen. Vielleicht besitzt ein Leser den Quellcode für sein Netzwerkprogramm und möchte sich gern die Sinusfunktion als Option für die Aktivierungsberechnung in das Programm einbauen. Die reine Sinusfunktion, die im Bogenmaß zwischen +(Pi/2) und -(Pi/2) Werte zwischen +1 und −1 annimmt, wird wahrscheinlich nicht zum Erfolg führen. Es empfiehlt sich, einen Faktor einzubauen, damit die Grenzwerte erst bei Eingabewerten größer als 2 erreicht werden. Außerdem ist zu beachten, daß man einen minimalen und einen maximalen Eingabewert festlegen muß, da sich sonst die Funktion jenseits der Grenzwerte wieder umkehrt. Dazu genügt die Anweisung, daß für Eingabewerte, die größer sind als der Maximalwert, immer der Maximalwert eingesetzt wird und für Eingabewerte kleiner als der Minimalwert immer der Minimalwert. Auch die Formel für die Fehlerberechnung durch Fehlerrückführung muß geändert werden. Zur Erinnerung: die 1. Ableitung der Sinusfunktion ist die Cosinusfunktion.

10. Fehlerberechnung und Korrektur – Lernen in Neuronalen Netzen

10.1 Gradientenabstiegsverfahren und Fehlerrückführung

Die Fehlerrückführung ist das bekannteste Lernverfahren für Neuronale Netze. Außerdem hat sie sich so vielfältig als ein erfolgreiches Prinzip bewährt, daß ich glaube, sie hier kurz beschreiben zu müssen. Es ist nicht ganz leicht zu verstehen und obwohl ich auf die mathematischen Herleitungen verzichte, müssen Sie schon eine gute Portion Aufmerksamkeit dafür mitbringen.

Hier möchte ich nur die Situationen besprechen, die für unsere Netze relevant sind. Wir arbeiten mit nur einem Ausgabeneuron, d. h. jedes verborgene Neuron besitzt nur einen Ausgang, nämlich hin zu dem einzigen Ausgangsneuron.

Der Korrekturwert für das Gewicht jeder am Ausgang anliegenden Verbindung ist proportional zum sogenannten Fehlersignal für das betreffende Muster:

Das Fehlersignal (F) für ein Muster i (mi) = F_{mi}

Meistens wird das Fehlersignal mit einem Proportionalitätsfaktor multipliziert, um den Korrekturwert zu ermitteln. Dieser Proportionalitätsfaktor wird Lernrate genannt. Die Lernrate ist immer kleiner als 1, meistens zwischen 0,1 und 0,6. Das Fehlersignal (F) für Ausgabeneuronen (O) ist bei Muster i (mi) = [Zielwert (Z) des Ausgabeneurons (O) für Muster i (mi) – Ausgabewert (A) des Ausgabeneurons (O) für Muster i (mi)] * (1. Ableitung der Aktivierungsfunktion des Ausgabeneurons über dem Eingabewert (E) des Ausgabeneurons (dAO/dEO). In Formelschreibweise ergibt das:

$F_{Omi} = (Z_{Omi} - A_{Omi}) * (dAO/dEO)$

Für die logistische Funktion wird die 1. Ableitung (dAO/dEO) zu

$(dAO/dEO) = A_{Omi} * (1 - A_{Omi})$.

Das Fehlersignal des Ausgabeneurons für ein Muster ist also:

$F_{Omi} = (Z_{Omi} - A_{Omi}) * [A_{Omi} * (1 - A_{Omi})]$.

Etwas anders sieht das Fehlersignal (F) für die verborgenen Neuronen (V) bei Muster i (mi) aus und das ist zwingend, denn für die verborgenen Neuronen können wir keine Zielausgabe (Z) definieren. Wie sollen wir also wissen, wie die Gewichte, die am verborgenen Neuron anliegen, zu ändern sind? Wir ziehen wieder den Fehler am Ausgabeneuron heran. Das Fehlersignal für das verborgene Neuron ist:

FVmi = FOmi * Gewicht der Verbindung (g) zwischen verborgenem Neuron (V) und Ausgabeneuron (O) * 1. Ableitung der Aktivierungsfunktion des verborgenen Neurons über dem Eingabewert zum verborgenen Neuron (dAV/dEV).

Die erste Ableitung der Aktivierungsfunktion für das verborgene Neuron errechnet sich ähnlich wie die für das Ausgabeneuron, da in beiden Fällen die logistische Funktion verwendet wird. Also kommen wir zu der folgenden Formel für das Fehlersignal am verborgenen Neuron:

FVmi = FOmi * gVO * [AVmi * (1 – AVmi)].

Die Verbindungsgewichte von den Eingangsneuronen zum verborgenen Neuron werden wiederum nicht um den vollen Fehlerbetrag korrigiert, sondern nur proportional dazu, entsprechend der Lernrate.

Die 1. Ableitung der logistischen Funktion ist in *Abbildung 13* grafisch dargestellt. Sie nimmt ihren Maximalwert dort an, wo die Funktion den Ausgabewert 0,5 liefert. Da der Betrag der Gewichtsänderung proportional zu dieser Ableitung ist, wie wir gesehen haben, werden die anliegenden Verbindungsgewichte am meisten für die Neuronen geändert, die Ausgabewerte nahe dem mittleren Bereich liefern und in gewisser Weise noch nicht festgelegt sind, ob sie an- oder abgeschaltet sein sollen. Diese Eigenschaft trägt nach Meinung der Autoren *McClelland* und *Rumelhart*[11] zur Stabilität des Lernens mit Hilfe dieses Systems bei.

Ein Nachteil des Verfahrens sollte nicht verschwiegen werden. Da der Gradientenabstieg ein lokales Optimierungsverfahren darstellt, besteht die Gefahr, daß er sich in einem lokalen Minimum verfängt. Denn es gibt für das Gradientenabstiegsverfahren keine Möglichkeit, die Tiefe eines Minimums abzuschätzen, bevor es sich hineinbewegt. Wenn es einmal in einem Minimum steckt, gibt es kein Entkommen[11]. Darum hat es nicht an Versuchen gefehlt, andere, vielleicht bessere Lernverfahren zu finden.

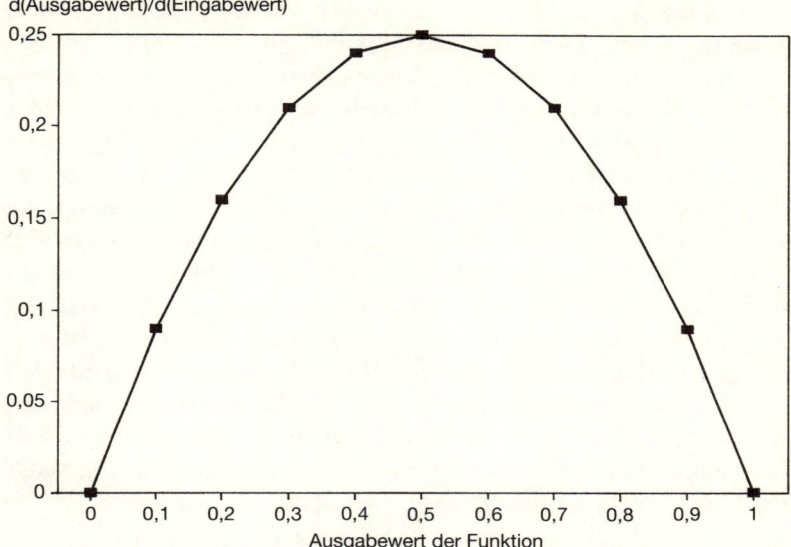

d(Ausgabewert)/d(Eingabewert)

Ausgabewert der Funktion

Abb. 13: 1. Ableitung der logistischen Funktion

10.2 Andere Lernverfahren

Der Lernprozeß für ein Neuronales Netz muß nicht zwangsläufig auf dem Gradientenabstiegsverfahren beruhen. Doch da dieses Verfahren vergleichsweise einfach in ein Computerprogramm einbaubar ist, wird es von allen Simulationsprogrammen für Neuronale Netze angeboten. Meistens ist es das einzige Verfahren für die Fehlerkorrektur.

Voroptimierung durch „simulated annealing"

Ein Autor[30] hat kürzlich ein gemischtes Lernverfahren vorgestellt, bei welchem die Verbindungsgewichte zwischen den Neuronen mit Hilfe der Methode des „simulated annealing" in die Nähe der Optimalwerte gebracht werden; erst dann wird das Lernverfahren umgestellt auf Fehlerrückführung.

Die oben kurz angesprochenen Boltzmann-Maschinen[63] arbeiten ebenfalls mit „simulated annealing", was übersetzt simulierte Abkühlung bedeutet, ein etwas vieldeutiger und daher mißverständlicher Ausdruck. Gemeint ist, daß die endgültigen Verknüpfungspartner der verschiedenen Neuronen und die Stärke der Verbindung in

einem Prozeß gefunden werden, der dem Verfahren in der Kristallzüchtung ähnelt. Dort wird das Material zunächst erhitzt, um be-
stehende, ungewünschte Verbindungen zwischen Molekülen aufzu-
brechen. Wenn das Material vollständig verflüssigt ist, muß es sehr
langsam abgekühlt werden, vor allem in der Nähe des Erstarrungs-
punktes, um möglichst reine Kristalle zu gewinnen. In der Boltzmann-Maschine wird das Erhitzen so simuliert, daß anfangs die
Verbindungsgewichte zwischen den Neuronen sehr klein gewählt
werden, die Verbindungen also schwach und leicht neu zu ordnen
sind. Ganz allmählich werden die Verbindungsgewichte verstärkt.
Außerdem wird der Aktivierungszustand eines Neurons nicht eindeutig festgelegt, sondern nur der Wahrscheinlichkeitsgrad für den
jeweiligen Zustand angegeben. Dieser ist abhängig von der angeleg-
ten „Temperatur". Bei hoher Temperatur ist die Wahrscheinlichkeit
für beide Zustände nahezu gleich. Je tiefer die Temperatur abgesenkt
wird, umso mehr wird einer der beiden Zustände begünstigt[11, 14, 63].

Boltzmann-Maschinen werden vorwiegend für Optimierungsaufgaben eingesetzt, bei denen gleichzeitig viele Bedingungen einzuhalten
sind (constraint satisfaction problems). Sie können jedoch auch für
Musterassoziationen eingesetzt werden. Das dabei verwendete Lernverfahren soll hier kurz skizziert werden.

Lernen bei der Boltzmann-Maschine

An die Boltzmann-Maschine werden alle Lernmusterpaare (Eingabemuster und dazugehöriges Ausgabemuster) nacheinander angelegt
und es wird gemessen, wie häufig die einzelnen Neuronen aktiviert
waren. Danach werden dem Netz nur die Eingabemuster, aber ohne
Ausgabemuster angelegt und wiederum wird die Häufigkeit der Aktivierung jedes Neurons gemessen. Das Lernziel besteht darin, möglichst gute Übereinstimmung der Aktivierungshäufigkeiten, einerseits im freien Betrieb und andererseits während des Anlegens der
Ausgabemuster, zu erhalten. Dies wird erreicht durch Ändern der
Verbindungsgewichte zu den Neuronen. Wird ein Neuron im freien
Lauf häufiger aktiviert als im Darbietungsmodus, dann muß das anliegende Verbindungsgewicht verringert werden, ist es seltener aktiviert, wird das Gewicht erhöht. Das Lernverfahren ist recht langsam, daher sind einige Versuche gemacht worden, es zu beschleuni-
gen. Wer mehr darüber lesen möchte, der sei an die Fachliteratur ver-
wiesen[12, 63].

Die besonderen Vorzüge der Boltzmann-Maschine liegen darin, daß
sie erstens das globale Minimum, d. h. die beste aller möglichen Lö-

sungen findet, falls langsam genug abgekühlt wird. Zweitens läßt sich diese Art von Neuronalen Netzen sehr gut in Hardwarebausteine übersetzen, da sie nur binäre Neuronen verwendet und damit den binären Schaltelementen in der Elektronik ideal entspricht.

Lernen mit Genetischen Algorithmen

In letzter Zeit sind auch sogenannte „Genetische Algorithmen"[64–71], auch „Evolutionäre Algorithmen" genannt, populär geworden. In den U.S.A. sind bereits einige Netzwerksimulationsprogramme im Handel, die mit diesen Methoden arbeiten können und auch hier werden sie nicht lange auf sich warten lassen. In den mir bekannten Büchern über Neuronale Netze werden genetische Algorithmen entweder gar nicht oder nur am Rande[3, 6] erwähnt, darum möchte ich das Prinzip dieser vielversprechenden Verfahren kurz erklären. Außerdem werde ich einige Erfahrungen zusammenfassen, die mit diesen Verfahren bereits gesammelt wurden.

Unter genetischen Algorithmen versteht man Programmelemente, die schrittweise immer bessere Lösungen für ein Problem entwickeln, indem sie Mutation, Kreuzung, Selektion und Vererbung simulieren[65]. Diese Begriffe sind aus der Genetik (Vererbungslehre), einer Teildisziplin der Biologie entliehen. Wie diese Verfahren auf Neuronale Netze angewendet werden können, werde ich im folgenden kurz beschreiben.

Die Verbindungsgewichte und Biaswerte eines Neuronalen Netzes werden, wie wir wissen, zu Anfang mit Zufallswerten initialisiert. Dann wird der Fehler des Netzes ermittelt; dies ist der Ausgangspunkt für das Training des Neuronalen Netzes.

Nun wird das erste Verbindungsgewicht versuchsweise „mutiert". Das bedeutet, es wird zufällig um einen kleinen Betrag erhöht oder verringert, den der Computer über seinen Generator für Pseudozufallszahlen ermittelt hat. Dann wird der Fehler des Netzes erneut berechnet. Falls die Mutation günstig ist, also zur Verringerung des Fehlers führt, wird das Gewicht entsprechend verändert, andernfalls nicht, dies ist die Selektion. Dann ist das nächste Gewicht an der Reihe, versuchsweise zu mutieren usw. bis alle Gewichte und Biaswerte einmal an der Reihe waren. Jede positive Veränderung wird also ausgewählt und dient als Ausgangspunkt für weitere Veränderungen. Das bedeutet, die Verbesserung wird vererbt.

Dies ist aber noch nicht alles. Man kann auch gute Netze miteinander kreuzen, um noch bessere Netze zu erhalten. Das kann man sich so vorstellen: Zunächst erzeugt man nicht nur ein Netz, sondern gleich zwei. Dieses sind die „Eltern". Nachdem man jedes der beiden Netze durch Mutation und Selektion verbessert hat, bildet man aus diesen beiden Netzen durch Rekombination ein drittes, sozusagen das erste „Kind", indem man beispielsweise die ersten zehn Verbindungsgewichte des Netzes 1 und den Rest von Netz 2 miteinander kombiniert. Und man bildet ein viertes Netz das komplementär dazu ist, d. h. die ersten zehn Verbindungsgewichte von Netz 2 und den Rest von Netz 1 enthält. Dieses ist das zweite „Kind". Nun rechnet man wieder alle Netze durch und wählt die beiden Netze aus, die den geringsten Fehler erzeugen; das bedeutet wieder eine Selektion. Dann beginnt man wieder mit den Mutationen, dann kreuzt man usw.

Anfangs wird man für die Mutationen Änderungen in relativ großen Schritten zulassen, später wird man die Schrittweiten für die Änderungen herabsetzen. Auch die Mutationshäufigkeit kann mit der Zeit heruntergeregelt werden. Schließlich werden die Netze so weit optimiert sein, daß jede Veränderung nur noch zu einer Verschlechterung führt und damit ist der Lernprozeß abgeschlossen.

Dies ist ein vereinfachtes Beispiel für die Wirkungsweise der genetischen Algorithmen. Üblicherweise operieren die Algorithmen nicht mit Dezimalzahlen, sondern mit Dualzahlen, die normal binär bzw. nach der Gray-Variante codiert sind. Auch wird nicht so häufig mutiert, dafür legt man große Populationen von Netzen an, aus denen die Kreuzungspartner gewählt werden.

Frühe Versuche, evolutionäre Lernmethoden einzusetzen, scheiterten oft, weil sie zu sehr auf Mutation beruhten, während die neueren Ansätze der Rekombination die größere Bedeutung beimessen[70]. Genetische Algorithmen sind relativ schnell und sie führen eine globale Suche nach optimalen Lösungen durch, während sie nicht so gut geeignet sind, Feinanpassungen oder Feinabstimmungen einer Lösung vorzunehmen. Sie können aber in Kombinationen die Fehlerrückführung als Lernalgorithmus ergänzen, denn diese ist in erster Linie eine lokale Optimierungsmethode, die für die Feineinstellung gut geeignet ist.

Bei vielen Lernaufgaben sind lokale Minima kein großes Problem, doch die Forscher auf diesem Gebiet haben schon Fälle angetroffen, bei denen lokale Minima offenbar eine Optimierung durch Fehlerrückführung nicht zuließen[70]. In diesen Fällen kann durch vorgeschaltete genetische Suche eine grobe Vorauswahl vielversprechender Lösungen erfolgen.

Die optimalen Wertebereiche für kritische Parameter genetischer Algorithmen hängen auch davon ab, wie gesucht werden soll[69]. Man unterscheidet in der englischsprachigen Literatur zwischen „online search" und „offline search". Erstes meint eine zeitkritische Suche, bei der ein Algorithmus sich frühzeitig entscheiden muß, in welcher Gegend des Suchraumes die optimale Lösung zu finden ist. Hingegen erlaubt die offline Suche auch Umwege zum Ziel. Viele Forscher konzentrieren sich ausschließlich auf die online-Suche, einige berücksichtigen beide Arten. Wichtige Kenngrößen für genetische Algorithmen sind: Populationsgröße, Rekombinationshäufigkeit und Mutationsrate.

Vorschläge	A	B	C
Populationsgröße	50–100	30	20–30
Rekombinationshäufigkeit	0,6	0,95	0,75–0,95
Mutationshäufigkeit	0,001	0,01	0,005–0,01

A – De Jong[69]
B – Grefenstette[69]
C – Schaffer et al.[69]

Die Erbinformation wird repräsentiert durch einen längeren zusammenhängenden Binärcode, genannt Bitstring, z.B. 01001010111001. Viele verschiedene solcher Bitstrings bilden eine Population. Rekombination bedeutet das Erzeugen neuer Bitstrings durch wechselseitigen Austausch von Teilen zweier „Elternbitstrings". Mutation bedeutet die zufällige Änderung eines Bits von 0 auf 1 oder umgekehrt innerhalb eines Bitstrings.

Die Vorschläge für eine optimale Wahl der wichtigen Kenngrößen wurden aufgrund empirischer Untersuchungen gefunden. Sie sind unabhängig von den Startbedingungen für die Suche, d.h. wie sehr sich die zufällig gewählten Startbedingungen unterscheiden von den schließlich gefundenen Idealbedingungen für die Lösung des Problems. Außerdem sind die Kenngrößen optimal für verschiedene Arten zu approximierender Funktionen.

Der Vorschlag A eignet sich für online- und offline-Suche. Die Vorschläge B und C sind speziell für die online-Suche entwickelt worden. Wobei dem Vorschlag C die umfangreichste empirische Untersuchung zugrunde liegt. Die Autoren[69] betonen, daß sie nach den Einstellungen gesucht haben, die im Durchschnitt die besten Leistungen erbringen sollten. Im Einzelfall und vor allem bei offline-Suche können anders gewählte Kenngrößen besser abschneiden. Ebenso stellen die Autoren fest und damit befinden sie sich im Widerspruch zu anderen Forschern, daß Mutation eine wichtigere Rolle spielt, als gemeinhin angenommen wird. Sie trauen der sogenannten naïven Evolution (Genetische Algorithmen, die nur Mutation und Selektion aus einer größeren Population verwenden) gute Anpassungsleistungen, d. h. Lernfähigkeit zu.

Die Möglichkeiten zur Gestaltung von genetischen Algorithmen ist praktisch unbegrenzt. Das Forschungsgebiet ist zwar noch recht neu, doch eines scheint sicher: Je schneller ein genetischer Algorithmus lernt, um so mehr muß er sich bei der Suche nach der optimalen Lösung einschränken und daraus ergeben sich „Inzuchtprobleme". Das bedeutet umgekehrt: Ein Algorithmus der langsam lernt, weil er von einer größeren genetischen Vielfalt ausgeht, findet mit höherer Wahrscheinlichkeit die beste Lösung.

Wen es interessiert, der findet im Literaturverzeichnis einige Angaben zur Vertiefung der Kenntnisse. Genetische Algorithmen lassen sich auch unabhängig von Neuronalen Netzen verwenden, um Musterzuordnungsprobleme zu lösen[54, 55, 67, 71]. Die Prognose von Kursveränderungen an den Finanzmärkten ist, wie anfangs erwähnt, ein solches Zuordnungsproblem.

Ein Beispiel für die Anwendung genetischer Algorithmen auf ein Problem aus dem Bereich der Finanzprognosen wurde kürzlich veröffentlicht[71]. Das Programm der beiden Autoren wurde in der Programmiersprache LISP geschrieben, die häufig in der „Künstlichen Intelligenz" verwendet wird. Es lernte mit Hilfe eines genetischen Algorithmus, die Bewegung des S&P 100 (OEX) um einen Tag im voraus zu prognostizieren, wenn ihm die Höchst-, Tiefst- und Schlußkurse aller vorangegangenen 10 Börsentage mitgeteilt wurden.

Einer der beiden Autoren hatte bereits früher mit gutem Erfolg genetische Algorithmen angewandt, um die Sieger in Pferderennen vorherzusagen[67].

10.3 Analyse eines trainierten Neuronalen Netzes mit unbekanntem Aufbau

Die unter 6. besprochene Bedeutungsanalyse erfaßt nur die erste Phase der Umwandlung von Eingabewerten zu Ausgabewerten. Wenngleich die so ermittelte Bedeutungsreihenfolge im großen und ganzen stimmt, sind die Bedeutungsverhältnisse der Eingaben zueinander nicht richtig, denn die bisherige Betrachtung vernachlässigt zum einen die Schwellenwerte (Gewichte der Bias-Neuronen). Weiterhin bleibt unberücksichtigt, daß die Aktivierungsfunktion nichtlinear ist und somit die Eingabewerte nicht proportional weitergegeben werden. In der nächsten Stufe werden nicht mehr nur einzelne Eingabewerte gewichtet, sondern Kombinationen aus den verschiedenen gewichteten Eingaben. Und zwar gibt es soviele verschiedene Kombinationen, wie es verborgene Neuronen gibt. Wir könnten jetzt versuchen, diese Kombinationen darzustellen und dann wie beim ersten Schritt eine Einflußtabelle anzulegen. Diese Kombinationen sind jedoch so komplexe Abstraktionen, daß die wenigsten sich ein klares Bild davon machen können. Anschaulicher wird es, wenn wir uns die Ausgabewerte eines Neuronalen Netzes anhand verschiedener Beispiele ansehen.

Vor allem an den extremen Ausgabewerten, also solchen, die dicht am Minimum oder nahe am Maximum liegen, wird der Einfluß unterschiedlicher Eingaben deutlich. Wir können uns beispielsweise mit einem Datenbankprogramm alle Datensätze heraussuchen lassen, bei denen die Ausgabewerte größer als 0,9 bzw. kleiner als 0,1 sind, und nach Gemeinsamkeiten bei den Eingabewerten suchen. Vielleicht lassen sich auf diese Weise schon Muster erkennen, die hohe Ausgabewerte erzeugen und solche, die zu niedrigen Werten führen, wenn man sich auf die einflußreichsten Eingabeparameter konzentriert.

Auch durch einfaches Experimentieren läßt sich die Bedeutung einzelner Eingabeparameter veranschaulichen. Nicht alle Datensätze sind dafür gleich gut geeignet. Am besten verwendet man solche Datensätze, bei denen die Ausgabewerte, d.h. die Aktivierungswerte des Ausgangsneurons um 0,5 liegen. Dieser Wert steht, soviel sollten wir gelernt haben, für unentschieden. Warum gerade diese Datensätze, wird sich manch einer fragen. Den Grund dafür zeigt uns die Abbildung der logistischen Aktivierungsfunktion *(Abbildung 10)*: Im Bereich um den Ausgabewert von 0,5 besitzt der Graph dieser Funktion seine größte Steigung. Siehe dazu auch den Graph der 1. Ableitung in *Abbildung 13*. Das bedeutet, die Wirkung der Eingabewerte auf die Ausgabewerte ist in diesem Bereich am größten.

In diesen Datensätzen manipulieren wir einen Eingabeparameter, indem wir die Originalwerte um 0,1 erhöhen oder herabsetzen und beobachten dann, wie sich die Ausgabewerte verändern. Wir führen

dies bei allen ausgesuchten Datensätzen durch, aber nur bei einem
Eingabeparameter, nicht bei mehreren gleichzeitig. Nacheinander
können wir so alle Eingabeparameter durchnehmen.

Wenn wir ein Kalkulationsprogramm verwenden, können wir die nötigen Änderungen besonders leicht vornehmen. Dazu lassen wir zu
den Originalwerten eines Eingabeparameters in allen Datensätzen
0,1 hinzuzählen. Dann lassen wir das Neuronale Netz mit den geän-
derten Werten rechnen und sehen uns an, wie sich die Ausgaben dadurch verändern. Am besten, wir lassen uns die absoluten Abweichungen von der Originalausgabe, d. h. deren Beträge, ausgeben und
summieren diese über alle Datensätze auf. Je größer die Summe der
Abweichungen ist, umso stärker muß der Einfluß des getesteten Eingabeparameters sein. Dann wiederholen wir das gleiche Verfahren,
mit dem einzigen Unterschied, daß wir die Originalwerte nicht um
0,1 erhöhen, sondern um diesen Betrag vermindern. Auch diesmal
lassen wir uns die Abweichungen summieren. Schließlich bilden wir
die Summe aller Abweichungen, d. h. jener, die durch Erhöhung und
durch Herabsetzung der Originalwerte entstehen. So können wir
die Bedeutung jedes einzelnen Parameters unabhängig von den anderen bestimmen.

Dieser Ansatz hat den Vorteil, daß er sich auf alle trainierten Neuronalen Netze anwenden läßt, auch auf jene, deren innerer Aufbau uns
nicht bekannt ist. Das heißt, auch Netze, von denen wir weder ein
Verbindungsgewicht noch einen Schwellwert kennen und deren
Schichtaufbau uns unbekannt ist, können wir mit dieser Methode
analysieren. Dabei ist es nicht das einzige Verfahren, um ein unbe-
kanntes Neuronales Netz experimentell zu ergründen. Wir könnten
auch einen etwas anderen Weg einschlagen, der im folgenden beschrieben wird.

Zunächst sollen wir uns klarmachen, warum uns die gleich zu be-
sprechende Methode eine Auskunft über die Bedeutung einzelner
Eingabeparameter für die Entscheidungsfindung des Neuronalen
Netzes geben kann. Wie oben nutzen wir unsere Kenntnis, daß ein
Aktivierungswert von 0,5 soviel wie „neutral", „ausgewogen" oder
„unentschieden" bedeutet. Außerdem müssen wir uns klarmachen,
daß der normalisierte Eingabewert gleichbedeutend ist mit dem Aktivierungswert des Eingabeneurons. Wenn also für einen Eingabeparameter der Wert 0,5 vorliegt, dann bedeutet dies, daß dieser Parameter neutral bleibt, also die Ausgabe nicht in eine bestimmte Richtung
drängt, weder zum Positiven noch zum Negativen hin (bei Eingabe

des Wertes Null in die logistische Funktion). Um den Einfluß eines Parameters zu neutralisieren, brauchen wir somit nur in allen Datensätzen die Eingabe für diesen Parameter willkürlich auf den Wert 0,5 zu setzen. Dann lassen wir, wie im vorigen Abschnitt besprochen, die daraus resultierenden Abweichungen von der Originalausgabe – ebenso könnten wir „Fehler" dazu sagen – berechnen und summieren. Diesmal bilden wir die Summe der Abweichungen über alle Datensätze. Je größer der Gesamtfehler wird, wenn ein Parameter neutral bleibt, um so wichtiger ist dieser Parameter für die Entscheidungsfindung des Neuronalen Netzes. Nachdem man dies mit allen Eingabeparametern einzeln durchprobiert hat, kann man zwei oder mehr Eingaben gleichzeitig neutralisieren, beispielsweise diejenigen Parameter, die einzeln das Ergebnis wenig beeinflußt haben. Auf diese Weise kann man Hinweise dafür bekommen, wie sich das Netz hinsichtlich seiner Größe optimieren läßt, also durch Fortlassen einzelner Eingaben.

Es ist nicht sicher, daß beispielsweise die beiden Parameter, die einzeln neutralisiert die kleinsten Fehler verursachten, auch in Kombination wieder den kleinsten Fehler bewirken. Warum? Es könnte sein, daß zwei Fehler sich gegenseitig teilweise kompensieren. Wenn ein Fehler den richtigen Wert erhöht, ein anderer Fehler den richtigen Wert erniedrigt, dann kann es im Idealfall sein, daß zwei Fehler sich gegenseitig aufheben. Die Fehler können sich selbstverständlich auch gegenseitig verstärken. So ist es möglich, daß die Kombination zweier größerer Fehler, die sich teilweise kompensieren, ein besseres Ergebnis liefern, als zwei geringe Fehler, die sich gegenseitig verstärken. Sie sehen also, es ist sinnvoll, auch mit Kombinationen weniger wichtiger Parameter zu experimentieren. Unsinnig wäre es, erschöpfend zu testen, also alle Kombinationsmöglichkeiten auszuprobieren. Bei großen Netzen kann dies nämlich zu einer Lebensaufgabe werden.

11. Neuronale Netze und technische Marktanalyse

Die sogenannte „Technische Marktanalyse" umfaßt eine große Palette von Indikatoren. Meist sind dies Formeln zur Auswertung von Daten mit Anzeigecharakter, die Hinweise auf künftige Entwicklungen geben können. Doch kein einzelner dieser Indikatoren ist unfehlbar; darum verwenden die Fachleute gleich mehrere davon, in der Hoffnung, größere Sicherheit für ihre Entscheidungen zu erlangen. Im Falle eines Widerspruchs zwischen den verschiedenen Indikatoren verhalten sich die Anwender unterschiedlich. Die einen zählen nur ab, was die Mehrzahl der Indikatoren suggeriert und richten sich dann nach dem Mehrheitsvotum. Andere begnügen sich nicht mit bloßem Abzählen, sondern sie beurteilen die Aussagen der einzelnen Indikatoren je nach ihrer Zuverlässigkeit in der Vergangenheit verschieden. Jedem Indikator wird also nicht nur eine Stimme gegeben, sondern die Stimme wird mit einem Gütefaktor multipliziert, bevor sie in die Berechnung eingeht[41].

Diese zweite Variante ist diejenige, die auch von Neuronalen Netzen angewandt wird. Jedoch ist es für Neuronale Netze ein recht simpler Ansatz, nur einzelne Indikatoren mit Faktoren zu versehen, weshalb dieser Weg auch nur von den einfachsten Netzwerktypen, den sogenannten Perzeptronen, beschritten wird. Denn dieses Verfahren könnte nur dann dauerhaften Erfolg versprechen, wenn die einzelnen Parameter voneinander unabhängig, auch orthogonal genannt, wären. Das ist jedoch meist nicht der Fall[14]. Tatsächlich haben wir es in der Regel mit komplexen Systemen zu tun, deren Komponenten sich gegenseitig beeinflussen und bei deren Wechselspiel Ursache und Wirkung oftmals nicht proportional sind. Mit anderen Worten, es sind nichtlineare Probleme und die können nur von den hier beschriebenen fortgeschrittenen Netzwerkarchitekturen gelöst werden, die über Schichten mit verborgenen Neuronen verfügen.

Die technische Marktanalyse wird von vielen Wirtschaftstheoretikern nicht recht ernst genommen, wie ein Zitat aus dem Buch von *Heri*[16] zeigt: „Gemeinsam ist allen Methoden der technischen Analyse die Eigenschaft, ausschließlich zurückliegende Kursentwicklungen als Basis für die Kursprognose zu verwenden. Die Anwendung oft

übermäßig simpler Analogieversuche und die völlige Loslösung
theoretischer Begründungen für die vermuteten Kursentwicklungen
haben dazu geführt, daß technischen Analysen in akademischen Zir-
keln oft nur ein trockenes Lächeln geschenkt wird."

Ganz so einfach kann man die technische Analyse sicher nicht ab-
tun[17]. Auch hier haben wir bei der Analyse der Entwürfe Neuronaler Netze für die verschiedenen Finanzmärkte wiederholt gesehen,
daß die Marktdaten der Vergangenheit in erheblichem Maße die
künftige Entwicklung mitbestimmen; beim Goldmarkt beispielsweise waren es fast vierzig Prozent. Dies spricht für die Aussagefähig-
keit von Daten der Vergangenheit. Wobei noch hinzukommt, daß
die Neuronalen Netze Prognosen für mindestens zwei Monate im
voraus abgeben sollten, während die technische Analyse einige Tage
bis wenige Wochen vorausschaut. Würde man weiterhin noch die
Marktparameter optimieren, was mir möglich scheint, müßte sich
noch eine weitere Verbesserung bei den Voraussagen erzielen lassen.

Die Probeentwürfe für Neuronale Netze, die ich hier vorgestellt
habe, sollten Marktprognosen für einige Monate im voraus abgeben.
Sie sind daher als Hilfsmittel für strategische, d. h. langfristige Anlageentscheidungen geeignet, bei denen festgelegt wird, ob und was ge-
kauft oder verkauft werden soll. Für kurzfristige Entscheidungen
über den optimalen Kauf- oder Verkaufszeitpunkt müßte man völlig
andere Neuronale Netze entwickeln. Stattdessen kann man auch auf
bewährte Indikatoren der markttechnischen Analyse zurückgreifen,
sofern sie existieren. Neuronale Netze und technische Analyse können einander auf diese Weise gut ergänzen.

Die Neuronalen Netze können zwar sehr gut für die amerikanischen
Märkte angewandt werden können, geradezu ideal sind sie aber für
die anderen Märkte, für die brauchbare Indikatoren noch fehlen.
Denn die Neuronalen Netze können für uns die verschiedenen Parameter in all ihren Kombinationen mit den verschiedensten Bewer-
tungen durchprobieren, bis sie die beste Lösung gefunden haben.

Über die breite Anwendung Neuronaler Netze

Können sich Neuronale Netze bei breiter Anwendung selbst ad absurdum führen?

Wenn viele Anleger die gleichen sogenannten Patentrezepte anwenden, dann führen sie ihre Erfolgsstrategie selbst ad absurdum, zumal wenn alle mit den gleichen Daten operieren[46]. Natürlich muß man sich die Frage stellen, ob es den Anwendern Neuronaler Netze ebenso ergehen könnte. Ich glaube, man braucht sich deswegen keine Sorgen zu machen, und ich werde versuchen, dies zu begründen.

Beim Arbeiten mit Neuronalen Netzen gibt es viele unabhängige Variablen: bei der Datenauswahl und Aufbereitung, beim Netzwerkentwurf, beim Trainieren und Testen.

Beginnen wir mit den Daten: Selbst wenn wir annehmen, es existiere für jeweils einen Markt nur eine einzige Datenquelle, so bleibt dennoch eine große Vielfalt an Möglichkeiten, sie zu nutzen. Wir können die Daten für verschiedene Märkte beliebig miteinander kombinieren, die Datenreihen verschieden glätten, die Wertebereiche nach unseren Wünschen festlegen.

Wir sind frei zu entscheiden, wie unser Netzwerkentwurf aussehen soll: wie viele Schichten, wie viele Eingabeneuronen, verborgene Neuronen und Ausgabeneuronen für welchen Prognosezeitraum.

Für das Training des Netzes können wir die Fehlerschwelle wählen, die Art der Fehlerberechnung und die Aktivierungsfunktion bestimmen. Wir können uns die Zusammensetzung der Trainingsdatensätze aussuchen und uns für beliebige Testdatensätze entscheiden.

Sie sehen, es gibt so viele verschiedene Kombinationsmöglichkeiten, daß es keine zwei übereinstimmenden Neuronalen Netze jemals geben muß.

Anhang

Vom Autor (Dr. H. Uhlig, Knokenholt 20, 22391 Hamburg) sind verschiedene Daten gegen Entgelt erhältlich. Sie können im Lotus 1-2-3™ Kalkulationsblatt-Format (.WK1) oder als ASCII-Dateien (.TXT) bezogen werden. Die Dateien sind in Blöcken organisiert, jeweils ein Land für ein Jahr. Sofern nicht anders vermerkt, sind die Daten für den Zeitraum von Januar 1984 bis Ende 1994 vorhanden.

Wöchentliche Daten, Economic and Financial Indicators aus The Economist:

Daten	Länder: USA	J	D	GB	F	CH
Bruttoinlandsprodukt, 3 Monate	+	+	+	+	+	
Bruttoinlandsprodukt, 1 Jahr	+	+	+	+	+	
Industrieproduktion, 3 Monate	+	+	+	+	+	
Industrieproduktion, 1 Jahr	+	+	+	+	+	
Großhandelsvolumen, 3 Monate	+	+	+	+	+	
Großhandelsvolumen, 1 Jahr	+	+	+	+	+	
Arbeitslosenquote, neueste	+	+	+	+	+	
Verbraucherpreise, 3 Monate	+	+	+	+	+	
Verbraucherpreise, 1 Jahr	+	+	+	+	+	
Erzeugerpreise, 3 Monate	+	+	+	+	+	
Erzeugerpreise, 1 Jahr	+	+	+	+	+	
Löhne/Einkommen, 3 Monate	+	+	+	+	+	
Löhne/Einkommen, 1 Jahr	+	+	+	+	+	
Aktienmärkte, Indizes		+	+	+	+	
Geldmengenentwicklung M1		+	+	+	+	
Geldmengenentwicklung M3		+	+	+	+	
Zinssatz für 3-Monatsgeld		+	+	+	+	+
Zinsen auf langfr. Staatsanl.		+	+	+	+	+
Handelsbilanz, 1 Monat	+	+	+	+	+	
Handelsbilanz, 1 Jahr	+	+	+	+	+	
Zahlungsbilanz, 1 Jahr	+	+	+	+	+	
Wechselkurs (trade weighted)	+	+	+	+	+	
Wechselkurs zum US-$		+	+	+	+	+
Wechselkurs zu SDR[1]	+					
Wechselkurs zum ECU[2]		+				
Devisenreserven	+	+	+	+	+	

[1] Special Drawing Rights (Sonderziehungsrechte)
[2] European Currency Unit

Commodity Price Index umfaßt alle Rohstoffe, Nahrungsmittel, alle Indu-
strierohstoffe, Agrarrohstoffe außer Nahrungs-
mitteln, Metalle.

Rohöl (Nordsee, Brent)

Wöchentliche Daten aus Barron's für die U.S.A.

Dow Jones Industrial Average (DJIA)
Dow Jones Industrials P/E
Dow Jones Industrials Dividende in US-$
Dow Jones Industrials Market/Book Value (ab Nov 88)
Standard & Poor's 500 Index
Standard & Poor's 500 P/E
Standard & Poor's 500 Dividende in US-$
Standard & Poor's 500 Utilities Index (ab Jan 87)
NYSE (weekly volume)
NASDAQ (weekly volume)
NYSE Short sales (Public, Members, Specialists)
NYSE Advances, Declines, New High, New Low.
Bullish Opinion, Market Vane (ab Sept 87)
Bullish Opinion, Consensus Index (ab Sept 87)

T-Bonds (CRT)
Best Grade Bonds
Shearson Lehman Bond Index (ab Dez 86)
Ryan Lab Index (ab Dez 86)
Stock/Bond Yield Gap
T-Bills
T-Bill/Euro$-Spread
Bullish Opinion, T-Bonds
Bullish Opinion, Euro-$.

CRB-Index (ab Feb 87)
Goldpreis (CMX)

Geldmenge (M1, M2, M3, Free Reserves)
Discountrate, Primerate

CBOE Puts, Calls
S&P 100 (OEX) Calls (Volume, open interest) Puts (Volume, open interest)[1]
S&P 500 (SPX) Calls (Volume, open interest) Puts (Volume, open interest)[1]
AMEX Japan Index Calls (Volume, open interest) Puts (Volume, open inter-
est)[1]

Value Line Warrant Index (ab Okt 90)

[1] Daten ab Jan 91

Monatliche Daten aus Barron's:

CRB Raw index (ab Jan 74)
DJIA Index, P/E, Dividendenrendite (ab Jan 83)

Quartalsdaten aus Barron's:

DJIA Index, P/E, Dividendenrendite (ab 1. Quartal 1956)
DJ Utilities Index, P/E, Dividendenrendite (ab 1. Quartal 1962)

Jahresdaten aus Barron's:

DJIA Index (Anfang, Hoch, Tief, Ende), P/E, Dividendenertrag (ab 1929)
DJIA Buchwert (ab 1936)

Monatsdaten bzw. Quartalsdaten der OECD Finanzstatistik ab Jan 1969

Daten:	Länder:	USA	J	D	GB	F
Bruttoinlandsprodukt		q	q	q	q	q
Industrieproduktion		m	m	m	m	m
Geschäftsklima (Aussichten)			q	m	q	
Kapazitätsauslastung		m	m	q	q	
Eigenheimneubauten		m	m			
PKW-Neuzulassungen				m	m	
Großhandelsvolumen		m	m	m	m	m
Einzelhandelsvolumen		m	m	m	m	m
Arbeitslosigkeit		m	m	m	m	m
Arbeitseinheitskosten		m	m	m	m	m
Erzeugerpreise		m	m	m	m	m
Großhandelspreise		m	m	m	m	m
Verbraucherpreise		m	m	m	m	m
Geldmenge (M1)		m	m	m	m	m
Geldmenge (M2 bzw M3)		m	m	m	m	m
3 Monatszinsen		m	m	m	m	m
Zinsen auf langfristige Staatsanleihen		m	m	m	m	m
Aktienkurse		m	m	m	m	m
Devisenkurs zum US-$			m	m	m	m
Devisenreserven		m	m	m	m	m
Zahlungsbilanz		m	m	m	m	m

m = monatliche Daten
q = Quartalsdaten

Glossar

Aktivierungs-funktion

Die Funktion, über die ein Neuron seinen Aktivierungszustand berechnet. Der Eingabewert für die Funktion ist der Saldo aller an das betreffende Neuron übermittelten Signale, einschließlich des Signals vom Bias-Neuron. Der Ausgabewert der Funktion entspricht dem Aktivierungszustand des Neurons. Aktivierungsfunktionen für geschichtete, vorwärtsgekoppelte Netzwerke müssen nichtlinear sein, da andernfalls die Ausgabe immer eine lineare Kombination der Eingabewerte wäre, siehe Perzeptrone. Wenn das Gradientenabstiegsverfahren für die Fehlerermittlung verwendet wird, muß die Funktion stetig und differenzierbar sein. Die gebräuchlichste Form der Aktivierungsfunktion ist die logistische Funktion. Andere mögliche Funktionen sind die Tangens hyperbolicus Funktion und die Sinusfunktion.

Aktivierungs-zustand

Der A. eines Neurons bestimmt, ob es angeschaltet oder abgeschaltet ist, d. h. ob es einen Reiz weiterleitet oder nicht. Welche Aktivierungszustände angenommen werden können, hängt davon ab, ob das Neuron ein binäres Neuron oder ein Fuzzy-Neuron ist.

Ausgabeneuron

Siehe Neuron

Ausgangsneuron

= Ausgabeneuron

Bias-Neuron

Von „bias" = Tendenz. Ein Bias-Neuron bestimmt die Schwellenwerte für verborgene Neuronen und Ausgabeneuronen. Für jede Schicht verborgener Neuronen und für die Ausgabeschicht wird vom Simulationsprogramm ein Bias-Neuron eingerichtet. Die Bias-Neuronen sind immer maximal aktiviert. Die Verbindungsgewichte eines Bias-Neurons zu den reizleitenden Neuronen sind die Schwellenwerte für diese Neuronen, jedoch mit umgekehrtem Vorzeichen. Ein positives Signal vom Bias-Neuron bedeutet Tendenz zur Aktivierung. Ein negatives Signal bedeutet Tendenz zum Abschalten. Der Ausdruck Schwellwert-Neuron ist irreführend, weil er genau das Gegenteil dessen suggeriert, das gemeint ist. Denn ein positiver Bias-Wert ist keine Schwelle, die überwunden werden muß, im Gegenteil, ein negativer Bias-Wert entspricht einer Schwelle. Siehe auch Schwellwert-Neuron.

Binäres Neuron

Ein Neuron, das nur zwei Zustände annehmen kann: Entweder ist es abgeschaltet (Zustand = 0), oder es ist angeschaltet (Zustand = 1). Es wird z. B. in Boltzmann-Maschinen verwendet.

Boltzmann-Maschinen

Formen neuronaler Netze, die nur aus binären Neuronen bestehen und keine Schichtstruktur besitzen. Sie werden vor allem für Optimierungsaufgaben eingesetzt, bei denen gleichzeitig viele Bedingungen einzuhalten sind. Der Optimierungsprozeß wird simulierte Abkühlung genannt, da hier Analogien zum Abkühlungsprozeß bei der Kristallzüchtung bestehen. Bei der Suche nach der optimalen Lösung werden die Neuronen stochastisch, also wahrscheinlichkeitsgesteuert aktiviert, über eine Größe, die, ebenfalls analog zur Kristallzüchtung, Temperatur genannt wird (siehe logistische Funktion). Bei hoher Temperatur ist die Wahrscheinlichkeit für das Anschalten oder Abschalten annähernd gleich. Je niedriger die Temperatur, umso mehr wird der Zustand des Neurons festgelegt. Boltzmann Maschinen können auch lernen, Muster zu assoziieren. Dazu werden an die Boltzmann-Maschinen alle Lernmusterpaare (Eingabemuster und dazugehöriges Ausgabemuster) nacheinander angelegt und es wird gemessen, wie häufig die einzelnen Neuronen aktiviert waren. Danach werden dem Netz nur die Eingabemuster – ohne Ausgabemuster – angelegt und wiederum wird die Häufigkeit der Aktivierung jedes Neurons gemessen. Das Lernziel besteht darin, möglichst gute Übereinstimmung der Aktivierungshäufigkeiten, einerseits im freien Betrieb und andererseits während des Anlegens der Ausgabemuster, zu erhalten. Dies wird erreicht durch Ändern der Verbindungsgewichte zu den Neuronen. Wird ein Neuron im freien Lauf häufiger aktiviert als im Darbietungmodus, dann muß das anliegende Verbindungsgewicht verringert werden, ist es seltener aktiviert, wird das Gewicht erhöht.

Call Option	Das Recht, Wertpapiere innerhalb einer Frist zu einem festgelegten Kurs zu kaufen.
Chaos	Siehe deterministisches Chaos
Derivate	Abkömmlinge von Wertpapieren wie: Optionen, Terminkontrakte oder Optionsscheine.
Derivatfonds	Fonds, die in Derivaten investiert sind. Beispiel: der Quantum-Fund von George Soros.
Deterministisches Chaos	Folge von Zuständen ohne regelmäßige Wiederholung. Die Zustände sind jedoch nicht beliebig, sondern sie gehorchen definierten Grenzbedingungen.
DJIA	Dow Jones Industrial Average, auch Dow Jones Aktienindex genannt, der bekannteste amerikanische Aktienindex.
DJUA	Dow Jones Utilities Average, Index amerikanischer Versorgungsunternehmen.
Drunkard's walk	Der Gang eines Betrunkenen. Abwandlung des random walk. Die Bewegungsrichtung ist vorgegeben, doch mehr oder weniger starke Abweichungen zu beiden Seiten der Hauptrichtung sind möglich.
Efficient market theory	Geht von der Annahme aus, daß alle Informationen, die zur aktuellen Kursbildung führen können, bereits in den Kursen enthalten sind, also auch alle Erwartungen zur zukünftigen

Entwicklung. Nur unerwartete neue Informationen können eine Änderung der Kurse bewirken. Da unerwartete Ereignisse aber nicht vorhergesehen werden können, ist die künftige Entwicklung zufällig. Aus dieser Theorie folgt, daß die Kursdaten der Vergangenheit keine Rücksschlüsse auf die Zukunft ermöglichen, sichere Prognosen also unmöglich sind. Siehe Theorie der effizienten Märkte.

Eingabeneuron   Siehe Neuron

Eingangsneuron   = Eingabeneuron

Evolutionärer Algorithmus   Wird oft gleichgesetzt mit genetischem Algorithmus. Einige Autoren verstehen darunter jedoch nur die sogenannte „naïve Evolution", d. h. die Entwicklung, die nur auf Mutation und Selektion von besser angepaßten Individuen aus einer Population beruht, jedoch noch keine Rekombination von Erbinformation kennt. Siehe auch Genetischer Algorithmus.

Fehlerrückführung   Ein Verfahren zur Anpassung der Verbindungsgewichte, bei dem, ausgehend vom Fehler an den Ausgabeneuronen, der Fehler Schicht für Schicht zurückverfolgt und korrigiert wird. Andere Bezeichnungen für diesen Prozeß sind: Rückwärtsfortschreibung und Fehlerrückvermittlung, („backpropagation").

Fermi-Funktion   Siehe logistische Funktion

Fraktal   Wortschöpfung ihres Entdeckers, Benoit Mandelbrot. Eine unregelmäßige Struktur, die unabhängig vom Betrachtungsmaßstab unregelmäßig bleibt. Auch der Grad an Unregelmäßigkeit (fraktale Dimension) bleibt in allen Maßstäben der gleiche. Die Fraktale sind selbstähnlich, d. h. die Symmetrien der Struktur wiederholen sich in allen Betrachtungsmaßstäben. Die Fraktale mit ihren unregelmäßigen Grundbausteinen bilden eine eigene Geometrie, die der euklidischen Geometrie gegenübergestellt wird und auch als nichteuklidische Geometrie bezeichnet wird. Anschauliche Beispiele für Fraktale in der Natur sind die Wuchsformen der Bäume. Die Art der Verzweigung und die Proportionen sind vom Stamm bis in die feinsten Verästelungen ähnlich.

Fraktale Dimension Das Unregelmäßigkeitsmaß: Beispielsweise das Maß dafür, wie sehr die Länge einer Fraktalen Kurve zunimmt, in Abhängigkeit von der Verkleinerung des Betrachtungsmaßstabes. Fraktale sind Strukturen, die eine fraktale Dimension besitzen.

Fuzzy-Logik Auch Quanten-Logik, unscharfe Logik. Kennt im Gegensatz zur üblichen binären Logik nicht nur die Zustände, nein, ausgeschaltet = 0 und ja, angeschaltet = 1, sondern auch viele Zwischenwerte, als Übergänge vom einen zum anderen Extrem.

Genetischer Algorithmus Anpassungsfähige Rechenvorschrift, die für Optimierungsaufgaben eingesetzt wird. Für die Verbesserung der Leistung werden Prinzipien angewandt, die aus der Vererbungslehre (Genetik) bekannt sind. Dazu gehören: zufällig eingeführte Veränderungen (Mutationen), Auswahl guter Algorithmen aus einer Population (Selektion) und Vererbung der besser angepaßten Algorithmen, Austausch von Bruchstücken gut angepaßter Algorithmen (Rekombination), um noch bessere zu schaffen. Werden seit kurzem in Neuronalen Netzen verwendet, allein oder in Kombination mit der Fehlerrückführung.

Geschichtetes Neuronales Netz Ein Netz, bei dem die verschiedenen Elemente, Eingangsneuronen, verborgene Neuronen und Ausgangsneuronen in Schichten angeordnet sind, siehe Schema-Abbildung eines Neuronalen Netzes. Die Schichtanordnung ist Voraussetzung für die Anwendbarkeit der Fehlerrückführung.

Gewicht einer Verbindung Die Verbindungen zwischen den Neuronen geben an, welche Neuronen miteinander Signale austauschen. Je nach seiner Bedeutung für das empfangende Neuron, kann das Signal des sendenden Neurons abgeschwächt oder verstärkt werden. Abschwächung wird erreicht, durch Multiplikation mit einem Faktor kleiner als 1, Verstärkung durch Multiplikation mit einem Faktor größer als 1. Dies ist nicht ganz korrekt, denn es gibt nicht nur fördernde Signale, sondern auch hemmende Signale. Die fördernden werden mit positivem Vorzeichen versehen, sind also größer als 0, die hemmenden mit negativem, sind also kleiner als 0. Die Faktoren, mit denen die gesendeten Signale modifiziert werden, bevor diese zum empfangenden Neuron gelangen, sind die Verbindungsgewichte.

Globales Optimum   Beste aller möglichen Lösungen für ein Problem im Gegensatz zum lokalen Optimum, das suboptimal ist.

Gradientenabstieg   Verfahren für die Fehlerkorrektur in Neuronalen Netzen. Eine lokale Optimierungsmethode, bei der immer die Verbindungsgewichte und Schwellenwerte am stärksten verändert werden, die den größten Fehler produzierten. Das Verfahren ist abhängig von den Anfangsbedingungen, findet also nicht immer das globale Optimum.

Gray-Codierung   Abwandlung der normalen binären Codierung, bei der aufeinander folgende Zahlen sich nur in einem Bit unterscheiden. Es gibt zwei Arten davon: die zirkuläre, bei der sich der erste und der letzte Wert ebenfalls nur in einem Bit unterscheiden und die offene, bei der dies nicht der Fall ist.

Indikator   Eine Kenngröße oder eine Kombination mehrerer Kenngrößen, die einen prognostischen Wert besitzt. Ein Indikator soll also Hinweise auf künftige Entwicklungen geben können, um Entscheidungen zu treffen, die zu besseren Ergebnissen führen als der Zufall.

Initialisierung   Die Wahl der Anfangsbedingungen für die Verbindungsgewichte. Sie dürfen nicht Null sein, sonst würde das Netz nicht lernen. Sie sollen auch nicht zu verschieden von Null sein, um das Netz noch nicht zu sehr festzulegen. Darum werden die Gewichte meist mit Werten geringfügig größer oder kleiner als Null initialisiert.

KGV   Kurs/Gewinn-Verhältnis, Quotient aus Kurs einer Aktie und Gewinn je Aktie.

Klassifizierungssysteme   Regelbasierte Systeme, die Informationen (Botschaften) verarbeiten. Bestimmte Botschaften rufen bestimmte Regeln auf, die auch untereinander verknüpft werden können, zu längeren Ketten und schließlich die Reaktion auf die Botschaft liefern. Die Systeme sind lernfähig, weil die Regeln über genetische Algorithmen verändert werden können. Begründer der Klassifizierungssysteme ist John Holland, siehe Literaturverzeichnis.

Komplexe Systeme   Systeme, die aus unüberschaubar vielen Elementen bestehen, deren Verhalten daher auch nicht genau bestimmt werden kann, die aber definierte Organisationsprinzipien besitzen. Beispiele im großen Maßstab sind Märkte oder Ökosysteme, im kleinen sind es die Organe des Menschen oder sein Immunsystem.

Komplexität   Eine klare, allgemein befriedigende Definition fehlt. Ein Vorschlag beschreibt die Komplexität als ein Maß für die Vielfalt von Wechselwirkungen in zusammengesetzten Systemen.

Komplexitätsforschung   Ein Teilgebiet der Chaosforschung. Sie befaßt sich mit der Dynamik komplexer Systeme und versucht zu ergründen, wie Chaos vermieden wird. Ziel der Forschungsarbeit ist es, die Prinzipien der Selbstorganisation in komplexen Systemen aufzuklären und nutzbar zu machen.

Konvergenz   Darunter versteht man den Lernfortschritt eines Neuronalen Netzes, also dessen Fähigkeit, allmählich immer kleinere Fehler zu produzieren.

Lernrate

Der Proportionalitätsfaktor für die Fehlerkorrektur. Das Fehlersignal wird nicht in voller Höhe korrigiert, sondern durch die Lernrate gedämpft.

Lernverfahren

Siehe auch Fehlerrückführung, Gradientenabstiegsverfahren, Evolutionäre und Genetische Algorithmen sowie Boltzmann-Maschinen.

Logistische Funktion

Eine Form der Exponentialfunktion. Sie wird verwendet als Aktivierungsfunktion, d.h. zur Errechnung des Aktivierungszustandes. Bei den Fuzzy-Neuronen der geschichteten Netzwerke bestimmen sie die Stärke der Aktivierung, durch die Formel:

$$O_n = \frac{1}{1 + e^{(-In)}}$$

O_n = Ausgabewert des Neurons
In = Eingabewert des Neurons
e = 2,7182 (Basis des natürlichen Logarithmus)

Bei Boltzmann-Maschinen wird über die logistische Formel die Aktivierungswahrscheinlichkeit bestimmt.

$$p(1) = \frac{1}{1 + e^{(-In)/T}}$$

T = Temperatur
p(1) = Wahrscheinlichkeit, daß Neuron aktiviert

Momentum

Eigentlich bedeutet es „Schwung". Hier verwendet im Zusammenhang mit der Fehlerkorrektur. Die Einführung des Momentums in die Fehlerkorrekturformel soll verhindern, daß bei großen Lernraten das Netz oszilliert. Bei Verwendung des Momentums wird für die aktuelle Gewichtsänderung auch die vorangegangene Gewichtsänderung mit berücksichtigt. Dadurch ergibt sich folgende Formel für die Fehlerkorrektur: Aktuelle Änderung = [Fehlersignal * Lernrate] + [Momentum * letzte Änderung].

Mutation

Zufällige, punktförmige Änderung des genetischen Codes (Erbinformation).

Netzwerk-Simulationsprogramme	Siehe Simulationsprogramme.
Neuron	Nervenzelle, hier künstliches Neuron, Element für die Informationsverarbeitung. Die Neuronen bilden die Knoten im Neuronalen Netz.
Neuronal	Nervenartig, den Nerven nachempfunden.
Neuronales Netz	Netz von parallel operierenden, einfachen Recheneinheiten (Neuronen), die über gewichtete Verbindungen untereinander gekoppelt sind. Es gibt eine Vielzahl verschiedener Typen von Neuronalen Netzen.
Normalisierung	Notwendige Umformung der Eingabedaten für ein Neuronales Netz. Wie normalisiert werden muß, wird durch die Aktivierungsfunktion bestimmt. Für die logistische Funktion werden die Werte so transformiert, daß der Wertebereich zwischen 0 und +1 liegt. Die Tangens hyperbolicus Funktion und die Sinusfunktion verlangen eine Normalisierung auf den Wertebereich von −1 bis +1.
Lokales Optimum	Eine graduelle Verbesserung des Neuronalen Netzes gegenüber seinem Anfangszustand, aber nicht die beste mögliche Konformation. Siehe auch globales Optimum und Gradientenabstiegsverfahren.
Option	Ein handelbares Recht, Wertpapiere zu einem festgelegten Kurs zu kaufen oder zu verkaufen. Optionen werden in Deutschland an der Deutschen Terminbörse (DTB) gehandelt. Siehe Call-Option und Put-Option.
Oszillation	Das Hin- und Herschwingen eines Neuronalen Netzes auf der Suche nach Verringerung des Fehlers. Gegensatz zur Konvergenz. Oszillation ist die Folge einer zu groß gewählten Lernrate.
Perzeptron	Ein einfacher Netzwerktyp, der nicht über verborgene Neuronen verfügt. Die Ausgaben des Netzes sind Linearkombinationen der Eingaben in das Netz.

Pseudo-Zufalls-zahlen	Scheinbar zufällige Zahlen, die mit Zufallszahlengeneratoren erzeugt werden.
Put-Option	Das handelbare Recht, Wertpapiere zu einem festgelegten Kurs zu verkaufen.
Random walk	Der Zufallspfad, Annahme der „efficient market theory". Sie besagt, daß die zukünftigen Kurse eines Marktes nicht vorhersehbar sind und daher einem Zufallspfad folgen. Siehe auch drunkard's walk.
Reizleitende Neuronen	Eingabeneuronen, verborgene Neuronen und Ausgabeneuronen können unter dem Sammelbegriff reizleitende Neuronen zusammengefaßt werden. Der Aktivierungszustand dieser Neuronen ist abhängig von Außenreizen (Eingaben in das Netz), während die Bias-Neuronen unabhängig von den Außenreizen immer maximal aktiviert sind.
Rekombination	Elementarer Prozeß bei der biologischen Evolution, das Schaffen neuer Erbinformation durch Austausch von Teilen bereits vorhandener Erbinformation. Grundlage für Kreuzungsexperimente und jede Art von Züchtungsversuchen.
Schwellenwert	In biologischen Neuronen werden geringe Reize nicht weitergeleitet. Erst wenn die Summe der eingehenden Reize eines Neurons einen bestimmten Betrag überschreitet, reagiert das Neuron. Dieser zu überschreitende Betrag ist der Schwellenwert. Der Schwellenwert ist die Negation des Bias-Wertes. Beispiel: Ein Schwellenwert von +1 entspricht einem Bias-Wert von −1 und umgekehrt.
Schwellwert-Neuron	Siehe Bias-Neuron, Schwellenwert.
Selektion	Die Auswahl bestimmter, gut angepaßter Algorithmen aus einer Population, als Ausgangsmaterial für weitere Verbesserungsversuche. Siehe evolutionäre Algorithmen und genetische Algorithmen.

Simulated annealing	Simulierte Abkühlung, siehe Boltzmann-Maschine. Das Verfahren ist jedoch auch auf Neuronale Netze mit Fuzzy-Neuronen anwendbar.
Simulations- programme	Computerprogramme für herkömmliche Rechner, mit denen die parallele Informationsverarbeitung in einem Neuronalen Netz nachgebildet werden kann.
S&P 500 Index	Standard & Poor's Index 500, ein bekannter amerikanischer Aktienindex.
Theorie der effizienten Märkte	Siehe efficient market theory.
Training	Dem untrainierten Neuronalen Netz wird durch wiederholtes Darbieten der zu lernenden Musterpaare gezeigt, welche Eingangsmuster mit welchen Ausgangsmustern zu assoziieren sind. Dieser Prozeß wird als Training bezeichnet.
Trainiertes Neuronales Netz	Ein Neuronales Netz, das bereits trainiert wurde und somit gelernt hat, in geeigneter Weise Eingangsmuster mit zugehörigen Ausgangsmustern zu assoziieren.
Ungeschichtetes Neuronales Netz	Ein nicht in Schichten organisiertes Neuronales Netz. Beispiel Boltzmann-Maschine.
Verbindung	Neuronen, zwischen denen Verbindungen bestehen, tauschen Signale miteinander aus. Die Verbindungen besitzen ein Gewicht.
Verbindungs- gewicht	Siehe Gewicht einer Verbindung.
Verborgenes Neuron	Neuronen der Zwischenschicht bzw. verborgenen Schicht, die keine Signale von außerhalb des Netzes empfangen oder dahin abgeben. Die Anzahl der verborgenen Neuronen bestimmt die Lernfähigkeit des Neuronalen Netzes.
Vererbung	Weitergabe eines oder mehrer Merkmale an die nachfolgende Generation.
Vererbungslehre	Genetik, Fortpflanzungslehre, Teildisziplin der Biologie.

Vorwärtskopplung   Art der Reizleitung in einem geschichteten Neuronalen Netz. Die Reize werden immer nur zu Neuronen der jeweils folgenden Schicht in der Richtung zum Netzausgang weitergeleitet.

Zwischenschicht   Schicht, welche die verborgenen Neuronen enthält.

Literaturverweise

1 *F. Wilhelm Bruns:* Künstliche Intelligenz in der Technik – eine praxisnahe Einführung. Hanser-Studienbücher, Carl Hauser Verlag, München 1990.
2 *Thomas Bräunl:* Parallele Programmierung – Eine Einführung. Vieweg, Braunschweig, Wiesbaden 1993. (***)
3 *Rüdiger Brause:* Neuronale Netze – Eine Einführung in die Neuroinformatik. B. G. Teubner, Stuttgart 1991.
4 *Norbert Hoffmann:* Simulation Neuronaler Netze. Vieweg, Braunschweig, Wiesbaden, 1991. (**)
5 *Norbert Hoffmann:* Kleines Handbuch Neuronale Netze. Vieweg, Braunschweig/Wiesbaden 1993.
6 *Monika Köhle:* Neurale Netze. Springer-Verlag, Berlin u. a. 1990.
7 *Klaus Peter Kratzer:* Neuronale Netze – Grundlagen und Anwendungen. Carl Hanser Verlag, München 1991.
8 *Hilger Kruse, Roland Mangold, Bernhard Mechler* und *Oliver Penger:* Programmierung Neuronaler Netze – Eine Turbo Pascal Toolbox. Addison Wesley Publishing Company, München 1991. (**)
9 *Jeanette Lawrence:* Neuronale Netze – Computersimulation biologischer Intelligenz. Systhema Verlag, München 1992.
10 *Alessandro Mazzetti:* Praktische Einführung in Neuronale Netze. Verlag Heinz Heise, Hannover 1992. (**)
11 *James L. McClelland* und *David E. Rumelhart:* Explorations in Parallel Distributed Processing. MIT Press, Cambridge, Massachusetts, U. S. A. 1988. (*)
12 *Berndt Müller* und *Joachim Reinhardt:* Neural Networks – An Introduction. Springer-Verlag, Berlin u. a. 1990. (*)
13 *Eberhard Schöneburg:* Industrielle Anwendung Neuronaler Netze. Addison-Wesley, Bonn, München 1993.
14 *Marcus Spies:* Unsicheres Wissen – Wahrscheinlichkeit, Fuzzy-Logik, neuronale Netze und menschliches Denken. Spektrum Akademischer Verlag GmbH, Heidelberg, Berlin, Oxford 1993.
15 *Lothar Wenzel:* Parallele Programmierkonzepte. Franzis Verlag, München 1991. (**)
16 *Erwin W. Heri:* Was Anleger eigentlich wissen sollten. Helbing & Lichtenhahn, Basel 1991.
17 *Matt Ridley:* The mathematics of markets – The Economist Survey of the frontiers of finance. In: The Economist, London 9. Oktober 1993.
18 *Robert Sedgewick:* Algorithmen. Addison-Wesley, Bonn, München, 1992.
19 *Dean Barr:* Interview with Dean Barr on Artificial Intelligence. In: Technical Analysis of Stocks & Commodities, Oktober 1993, 12–28. 98126-2700, U. S. A.
20 *John Kean:* Chaos Theory And Neural Network Analysis. In: Technical Analysis of Stocks & Commodities, Juni 1992, 38–40.

21 *Rainer Schlittgen* und *Bernd H. J. Streitberg:* Zeitreihenanalyse. R. Olden-
bourg Verlag, München 1984.

22 *Ian Stewart:* A New Order. In: New Scientist Supplement, 6. Februar
1993, 2–3.

23 *Brian Arthur:* Pandora's Marketplace. In: New Scientist Supplement,
6. Februar 1993, 6–8.

24 *B. A. Huberman* und *T. Hogg:* Complexity and Adaptation. In: Physica
22 D, 376–384, 1986.

25 *Hartmut Kiehling:* Kursstürze am Aktienmarkt. Deutscher Taschenbuch
Verlag, München 1991.

26 *James Gleick:* Chaos – die Ordnung des Universums. Droemersche Ver-
lagsanstalt Th. Knaur Nachf., München 1990.

27 *Hans Hannula:* Making Money with Chaos. In: Technical Analysis of
Stocks & Commodities, August 1990, 62–65.

28 *Martin Pring:* Interview. In: Technical Analysis of Stocks & Commodities, Februar 1992, 32–39.

29 *Connie Brown:* Neural Networks with Learning Disabilities. In: Technical Analysis of Stocks & Commodities, Mai 1993, 50–57.

30 *Marlowe D. Cassetti:* A Neural Network System for Reliable Trading
Signals. In. Technical Analysis of Stocks & Commodities, Juni 1993, 78–
84.

31 *Mark B. Fishman, Dean S. Barr* und *Walter J. Loick:* Using Neural Nets
in Market Analysis. Technical Analysis of Stocks & Commodities, April
1991, 18–22.

32 *Jeffrey Owen Katz:* Developing Neural Network Forecasters For
Trading. In: Technical Analysis of Stocks & Commodities, April 1992,
58–70.

33 *John Kean:* Using Neural Nets For Intermarket Analysis. In: Technical
Analysis of Stocks & Commodities, November 1992, 58–63.

34 *John Kean:* Treasury Bond Yields: A Neural Net Analysis Approach. In:
Technical Analysis of Stocks & Commodities, April 1993, 78–84.

35 *Robert McGough:* Fidelity's Bradford Lewis Takes Aim at Indexes With
His ‚Neural Network‘ Computer Program. In: The Wall Street Journal,
27. Oktober 1992, C 1, C 23.

36 *Lou Mendelsohn:* Using Neural Networks for Financial Forecasting. In:
Technical Analysis of Stocks & Commodities, Dezember 1993, 92–95.

37 *Yin Lung Shih:* Neural Nets in Technical Analysis. In: Technical Analysis
of Stocks & Commodities, Februar 1991, 62–68.

38 *Marlene Givant Star:* Artificial intelligence moves to forefront. In: Pen-
sions & Investments, 11. Januar 1993.

39 *John Kean:* Three Neural Net Evaluations. In: Technical Analysis of
Stocks & Commodities, May 1993, 70–87.

40 *Uwe Lang:* Der Aktien-Berater. Campus Verlag, Frankfurt/Main 1986.

41 *Martin Zweig:* Interview. In: Technical Analysis of Stocks & Commodities, April 1994, 62–74.

42 *Richard C. Forest:* Gold and the DJIA. In: Technical Analysis of Stocks &
Commodities, Januar 1993, 38–39.

43 *Martin Pring:* Gold and the Business Cycle. In: Technical Analysis of
Stocks & Commodities, Juni 1994, 18–25.

44 *John A. Lohman:* The Inflation Indicator. In: Technical Analysis of Stocks & Commodities, September 1992, 82–86.

45 *Gail Dudack:* Interview. In: Technical Analysis of Stocks & Commodities, März 1992, 22–35.

46 *Grant Noble:* Confessions of a Technical Heretic. In: Technical Analysis of Stocks & Commodities, Juni 1990, 66–67.

47 *Tim Hayes:* Leading Indices at Bull Market Peaks. In: Technical Analysis of Stocks & Commodities, Dezember 1993, 38–45.

48 *Jack Schwager:* Interview. In: Technical Analysis of Stocks & Commodities, August 1993, 12–28.

49 *Lou Mendelsohn:* Preprocessing Data for Neural Networks. In: Technical Analysis of Stocks & Commodities, Oktober 1993, 53–58.

50 *Sherman, Marian* und *Tom McClellan:* Interview. In: Technical Analysis of Stocks & Commodities, Juni 1994, 74–88.

51 *Clive Crook:* The Economist Survey – World Economy. In: The Economist, London 19. September 1992.

52 *R. Hecht-Nielsen:* Kolmogorov's Mapping Neural Network Existence Theorem. In: IEEE First Annual International Conference on Neural Networks, III-11, 1987.

53 *Lou Mendelsohn:* Training Neural Networks. In: Technical Analysis of Stocks & Commodities, November 1993, 40–48.

54 *John H. Holland:* A Mathematical Framework for Studying Learning in Classifier Systems. In: Physica 22 D (1986) 307–317.

55 *Stewart W. Wilson* und *David E. Goldberg:* A Critical Review of Classifier Systems. In: Proceedings of the third international conference on genetic algorithms. Hrsg. v. J. David Schaffer. Morgan Kaufmann Publishers, Inc., San Mateo, CA 94403, U.S.A. 1989.

56 *Richard K. Belew* und *Michael Gherrity:* Back propagation for the Classifier System. In: Proceedings of the third international conference on genetic algorithms. Hrsg. v. J. David Schaffer. Morgan Kaufmann Publishers, Inc., San Mateo, CA 94403, U.S.A. 1989

57 *Lawrence Davis:* Mapping Neural Networks Into Classifier Systems. In: Proceedings of the third international conference on genetic algorithms. Hrsg. v. J. David Schaffer. Morgan Kaufmann Publishers, Inc., San Mateo, CA 94403, U.S.A. 1989.

58 *Marcus Weber:* Turbo Pascal Tools. Verlag Vieweg, Braunschweig, Wiesbaden 1989.

59 *Thomas Tilli:* Mustererkennung mit Fuzzy-Logik. Franzis Verlag, München 1993.

60 *Thom Hartle:* Preprocessing Data and Fast Fourier Transform. In: Technical Analysis of Stocks & Commodities, April 1994, 46–56.

61 *Denis Ridley:* Optimal Window Length for Forecasting. In: Technical Analysis of Stocks & Commodities, März 1994, 70–75.

62 *Anthony Warren:* Optimizing Momentum. In: Technical Analysis of Stocks & Commodities, April 1994, 22–41.

63 *Terrence J. Sejnowski* et al.: Learning Symmetry Groups with Hidden Units Beyond the Perceptron. In: Physica 22 D (1986) 260–275.

64 *J. Doyne Farmer* et al.: The Immune System, Adaptation and Machine Learning. In: Physica 22 D (1986) 187–204.

65 *Stephanie Forrest:* Genetic Algorithms: Principles of Natural Selection Applied to Computation. In: Science 261, 1993.

66 *John J. Grefenstette:* A System for Learning Control Strategies with Genetic Algorithms. In: Proceedings of the third international conference on genetic algorithms. Hrsg. v. J. David Schaffer. Morgan Kaufmann Publishers, Inc., San Mateo, CA 94403, U.S.A. 1989.

67 *Michael de la Maza:* A SEAGUL Visits the Race Track. In: Proceedings of the third international conference on genetic algorithms. Hrsg. v. J. David Schaffer. Morgan Kaufmann Publishers, Inc., San Mateo, CA 94403, U.S.A. 1989.

68 *Geoffrey F. Miller* et al.: Designing Neural Networks using Genetic Algorithms. In: Proceedings of the third international conference on genetic algorithms. Hrsg. v. J. David Schaffer. Morgan Kaufmann Publishers, Inc., San Mateo, CA 94403, U.S.A. 1989.

69 *J. David Schaffer* et al.: A Study of Control Parameters Affecting Online Performance of Genetic Algorithms for Function Optimization. In: Proceedings of the third international conference on genetic algorithms. Hrsg. v. J. David Schaffer. Morgan Kaufmann Publishers, Inc., San Mateo, CA 94403, U.S.A. 1989.

70 *Darrell Whitley* und *Thomas Hanson:* Optimizing Neural Networks Using Faster, More Accurate Genetic Search. In: Proceedings of the third international conference on genetic algorithms. Hrsg. v. J. David Schaffer. Morgan Kaufmann Publishers, Inc., San Mateo, CA 94403, U.S.A. 1989.

71 *Deniz Yuret* und *Michael de la Maza:* A Genetic Algorithm System for Predicting the OEX. In: Technical Analysis of Stocks & Commodities, Juni 1994, 58–64.

(*) Mit einem Stern gekennzeichnete Bücher enthalten Begleitdisketten, die lauffähige Programme und die dazugehörigen Quelltexte in der Programmiersprache „C" enthalten, die der Programmiergeübte leicht seinen Wünschen anpassen kann.

(**) Die mit zwei Sternen gekennzeichneten Bücher enthalten Begleitdisketten, die lauffähige Programme und/oder die dazugehörigen Quelltexte in der Programmiersprache Turbo Pascal enthalten. Eine Demoversion eines Neuronalen Netzwerkprogrammes liegt auch auf Begleitdiskette dem Buch von *Schöneburg* (1993) bei. Quelltext in „C" für ein Netzwerksimulationsprogramm findet man ebenfalls in *Bruns* (1990). (***) Das in diesem Buch zitierte Programm „Stuttgarter Neuronale Netze Simulator" ist kostenlos bei der Universität Stuttgart, Fachbereich Informatik, erhältlich. Wie der Entwickler mir mitteilte, läuft das Programm jedoch nur auf Workstations, nicht auf einem normalen MS-DOS Rechner. Eine Möglichkeit, das Programm doch auf PC laufen zu lassen, eröffnet das Betriebssystem *LINUX*, eine *UNIX^{TM}*-Variante für PC. Auf einigen *LINUX*-CDs ist der Simulator bereits enthalten.

Einige kommerzielle Anbieter Neuronaler Netzwerkprogramme

AND America Ltd., 2140 Winston Park Drive, suite 202, Oakville, Ontario, Canada L6H 5V5. Programm „HNet".

ARD Corporation, 9151 Rumsey Road, Columbia MD 21045, U.S.A. Programm „Propagator".

California Scientific Software, 10141 Evening Star Dr # 6, Grass Valley, CA 95945. U.S.A. Programm „BrainMaker".

EPIC Systems Group, 3814 E. Colorado Blvd., Suite 101, Pasadena, CA 91107, U.S.A. Programm „Neuralyst".

Future Wave Software, Wave Software Inc., 1330 S. Gertruda Avenue, Redondo Beach, Ca 90277, U.S.A. Programm „Stock Prophet".

Math Works Inc., 24 Prime Park Way, Natick, Ma 01760, U.S.A. Programm „MATLAB".

NeuralWare Inc., Penn Center West IV, Pittsburgh, PA 15276. U.S.A. Programm „NeuralWorks".

NeuroDynamX, Inc. P.O.Box 323 Boulder, CO 80306, U.S.A. Programm „DynaMind Developer".

NIBS Inc., 62 Fowlie Road, Republic of Singapore 1542. Programm „Neuroforecaster/GA".

Promised Land Technologies, Inc. 900 Chapel St., Suite 335, New Haven, CT 06510. U.S.A. Programme „BrainCel" und „Future$Builder".

Scientific Consultant Services, Inc., 20 Stagecoach Raod, Selden, New York 11784. Programm „N-Train".

TALON Development Corporation, P.O.Box 11069, Milwaukee, WI 53211-0069. Programm „ @ BRAIN".

Ward Systems Group, Inc., 245 West Patrick Street, Frederick, MD 21701, U.S.A. Programm „NeuroShell".

Die Option, mit Hilfe Genetischer Algorithmen zu lernen, bieten folgende Netzwerksimulationsprogramme

California Scientific Software, 10141 Evening Star Dr # 6, Grass Valley, CA 95945. U.S.A. Programm „BrainMaker". Brainmaker Genetic Training Option.

Scientific Consultant Services, Inc., 20 Stagecoach Road, Selden, New York 11784. Programm „N-Train". N-Train Zusatz Logivolve.

NIBS Inc., 62 Fowlie Road, Republik of Singapore 1542. Programm „Neuroforecaster/GA".

Testberichte über einzelne Netzwerkprogramme

John Sweeney: Quickscan – Brainmaker Professional. In: Technical Analysis of Stocks & Commodities, Dezember 1991, 58–60.

Lou Mendelsohn: DynaMind Developer Version 3.0. In: Technical Analysis of Stocks & Commodities, Januar 1993, 94–98.

Lou Mendelsohn: HNeT Discovery Package Version 1.3. In: Technical Analysis of Stocks & Commodities, November 1993, 70–75.

Lou Mendelsohn: MATLAB Neural Network Toolbox Version 4.0. In: Technical Analysis of Stocks & Commodities, Januar 1994, 70–74.

John Sweeney: N-Train Version 1.1. In: Technical Analysis of Stocks & Commodities, November 1993, 66–68.

John Sweeney: Propagator Version 1.0. In: Technical Analysis of Stocks & Commodities, Juni 1994, 14–16.

Trainierte Neuronale Netze

Mendelsohn Enterprises Inc., 25941 Apple Blossom, Wesley Chapel, FL 33544. Programm „VantagePoint Neural Networks".

Zeitschriften zum Themenkreis Neuronale Netze für Finanzprognosen

NeuroVe$t Journal, Randall B. Caldwell, P.O. Box 764, Haymarket, VA 22069-0764, U.S.A., erscheint sechsmal jährlich.

Technical Analysis of Stocks & Commodities, Technical Analysis Inc., Seattle, WA 98126-2700, U.S.A., erscheint monatlich, enthält nur gelegentlich entsprechende Beiträge.

Sachverzeichnis